Lire • Dire • Écrire dans toutes les disciplines

CM1
Cycle 3

Mon MANUEL de français

Richard Bourdin
professeur d'IUFM

Véronique Durand
conseillère pédagogique généraliste

Josette Pradeau
conseillère pédagogique

Fabienne Rondelli
professeur d'IUFM

RETZ
www.editions-retz.com
9 bis, rue Abel Hovelacque
75013 Paris

MON MANUEL DE FRANÇAIS CM1

Lire • Dire • Écrire dans toutes les disciplines

La collection ***« Mon manuel de français, Lire • Dire • Écrire dans toutes les disciplines »*** s'inscrit dans la logique des programmes de 2002 qui font de « la maîtrise du langage et de la langue française, dans leurs usages scolaires, à l'oral comme à l'écrit, l'objectif essentiel de l'école primaire[1]. »
Parce que dire, lire et écrire pour apprendre dans une discipline particulière, c'est aussi apprendre à dire, à lire et à écrire d'une façon générale, *Mon manuel de français CM1* s'est donné un double objectif : contribuer à l'apprentissage de contenus spécifiques en français tout en développant des compétences langagières utiles pour l'acquisistion des savoirs dans les autres disciplines.
Cette ouverture aux disciplines scolaires signifie que la maîtrise du langage et de la langue française n'est pas un préalable à la construction des connaissances. Au contraire, le langage est au centre des processus d'apprentissage et l'option pluridisciplinaire conduit à le développer à la fois comme **objectif** et comme **outil**, comme **ensemble de connaissances** et comme **moyen de construire toutes les connaissances**.
Les contenus disciplinaires sont ici le tremplin à l'analyse du langage et à l'acquisition de nouvelles compétences langagières. Dans le même temps, la maîtrise du langage permet l'expression d'un savoir qui s'acquiert dans un cadre disciplinaire. De ce fait, bien évidemment, cet ouvrage ne peut suffire à enseigner ces disciplines pas plus qu'il ne dispense d'apprendre à lire des œuvres intégrales en littérature.

L'organisation du manuel

Mon manuel de français CM1, Lire • Dire • Écrire dans toutes les disciplines est organisé en unités disciplinaires : ***éducation civique, sciences, géographie, mathématiques, histoire, littérature***. Trois unités sont consacrées à la littérature, permettant ainsi d'aborder plusieurs genres : la poésie (haïku), les histoires de vie, le théâtre. Chaque unité est composée :
- de **textes de référence**, à lire et à comprendre, en lien avec les programmes disciplinaires du cycle 3 ;
- de **documents iconographiques** à analyser, à comparer et parfois à mettre en relation avec des textes ;
- d'un **questionnement** pour amorcer chez l'élève une démarche d'apprentissage sur les trois axes : **DIRE**, **LIRE**, **ÉCRIRE**. Ces amorces s'articulent étroitement aux activités de construction des savoir-faire langagiers proposées dans le *Fichier de l'élève photocopiable*.

Dans *Mon manuel de français CM1* et dans le *Fichier de l'élève photocopiable*, l'**OBSERVATION RÉFLÉCHIE DE LA LANGUE** (grammaire, orthographe, conjugaison, vocabulaire) est avant tout conçue comme un exercice de réflexion sur le fonctionnement de la langue en contexte, dans des situations de lecture-écriture. Les activités proposées sont de deux types :
• tout d'abord, **des activités spécifiques aux textes des unités**, permettant à l'élève de comprendre que certains **faits de langue** sont **caractéristiques des textes proposés** et en assurent la cohérence (système des temps verbaux, sens des connecteurs, modalités de reprises, champs lexicaux…) ;

1. *Qu'apprend-on à l'école élémentaire*, MNEN, CNDP-XO éditions, p. 165.

ISBN : 978-2-7256-2444-0

• ensuite, des activités portant sur des **faits de langue observables dans tous les textes** et que l'on peut retrouver, de manière récurrente, d'une unité à l'autre ; ces activités permettent l'acquisition et le réinvestissement de compétences plus générales portant sur la connaissance des classes de mots et de leurs relations dans la phrase (ordre des mots, chaînes d'accord) et sur la morphologie verbale (conjugaison).

La démarche de *Mon manuel de français*

Elle articule trois types de médiation :

• la **médiation de l'enseignant** : celui-ci accompagne l'élève pour lui permettre de réussir des tâches complexes ;

• la **médiation du langage** : l'élève est conduit à abstraire et à généraliser grâce aux échanges et aux apports langagiers ;

• la **médiation didactique** : l'enseignant s'appuie sur les représentations initiales de l'élève, sur ses savoirs du moment – un nouveau savoir ne pouvant s'ancrer qu'à partir d'un essai d'élucidation de ces conceptions initiales.

La mise en œuvre de cette démarche dans chaque unité repose sur quatre temps distincts :

1) une **situation-problème initiale**, dont l'objectif est un projet de communication, permettant l'émergence des premières représentations des élèves ;

2) des **activités d'apprentissage et de structuration** destinées à faire acquérir des compétences langagières ;

3) une **synthèse** réalisée par l'élève, qui formalise ainsi les savoirs et savoir-faire acquis pendant l'unité ;

4) un **bilan** au travers d'une production orale et écrite.

Les apports nouveaux de *Mon manuel de français*

Mon manuel de français CM1 permet à l'élève :

• de produire des écrits pour communiquer, penser, construire ses connaissances, en donnant leurs vrais rôle et place aux écrits et oraux intermédiaires, à la fois « brouillons » et outils de pensée dans chaque domaine disciplinaire ;

• de développer une attitude réflexive sur sa démarche d'apprentissage en associant la mémoire de l'expérience, marquée par l'alternance des phases orales et écrites, au bilan cognitif qui clôture chaque unité.

Mon manuel de français CM1 offre à l'enseignant :

• une démarche structurée et rigoureuse dans le cadre d'un manuel sans progression linéaire, qui lui laisse le choix des unités d'apprentissage ;

• des scénarios pédagogiques ciblés, en cohérence avec l'idée de développement de compétences langagières dans toutes les disciplines.

Tout au long de l'élaboration de cette collection, plusieurs convictions nous ont animés :

• celle de concevoir un outil pratique pour une mise en œuvre aisée en classe ;

• celle de développer l'autonomie de l'élève dans son travail intellectuel et de lui donner ainsi les moyens d'une ouverture réussie vers de nouveaux savoirs ;

• celle aussi de concevoir un dispositif de formation, répondant à la nécessité d'intégrer la maîtrise du langage dans tous les champs disciplinaires.

Les auteurs

L'organisation du manuel

Huit unités disciplinaires pour développer la maîtrise de la langue, à la fois comme objectif, commme outil, et comme moyen de construire des connaissances

Chaque unité est construite autour d'un projet de communication dont le point de départ est une situation-problème. Cette organisation permet de mettre en œuvre des compétences langagières (dire, lire, écrire) et de manipuler des outils linguistiques qui serviront directement la construction des savoirs.

DIRE, LIRE, ÉCRIRE, OBSERVATION RÉFLÉCHIE DE LA LANGUE : les compétences langagières réinvesties régulièrement au sein de l'unité

Un premier questionnement destiné à faire émerger les représentations des élèves

Rubrique « Pour mieux comprendre le texte » : des aides en amont à la lecture

Une couleur par discipline

Des renvois au **mémento**

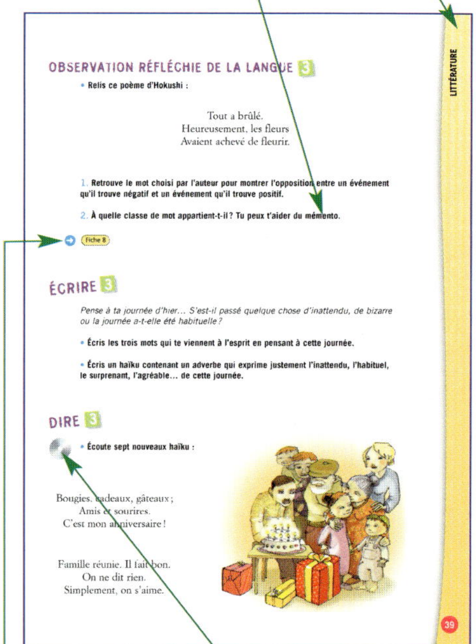

En littérature, des textes intégraux

Les aides lexicales que l'on peut retrouver grâce au **lexique** en fin de manuel

Le fléchage renvoie aux activités dans le fichier de l'élève photocopiable

Ce logo renvoie à l'écoute du **CD**, fourni avec le **fichier de l'élève photocopiable**

L'organisation du mémento

**Le mémento d'observation réfléchie de la langue
est l'outil de référence pour l'élève en matière de grammaire de mot, de phrase et de texte.
Il donne les règles indispensables à mémoriser après avoir dégagé, analysé,
repéré les constantes du fonctionnement de l'écrit.
L'élève peut le consulter en autonomie ou y être fortement incité par l'enseignant
lors d'une production d'écrit. Il favorise en outre la familiarisation avec le dictionnaire.**

Sommaire

	parler	finir	voir	pouvoir	venir
Présent					
	je-il-elle parle	je-tu finis	je-tu vois	je-tu peux	je-tu viens
	tu parles	il-elle finit	il-elles voit	il-elle peut	il-elle vient
	ils-elles parlent	nous finissons	ils-elles voient	nous pouvons	nous venons
	nous parlons	vous finissez	nous voyons	vous pouvez	vous venez
	vous parlez	ils-elles finissent	vous voyez	ils-elles peuvent	ils-elles viennent
	une base	*deux bases*		*trois bases*	
Imparfait					
	je-tu parlais	je-tu finissais	je-tu voyais	je-tu pouvais	je-tu venais
	il-elle parlait	il-elle finissait	il-elle voyait	il-elle pouvait	il-elle venait
	ils-elles parlaient	ils-elles finissaient	ils-elles voyaient	ils-elles pouvaient	ils-elles venaient
	nous parlions	nous finissions	nous voyions	nous pouvions	nous venions
	vous parliez	vous finissiez	vous voyiez	vous pouviez	vous veniez
			une base		
Futur					
	je parlerai	je finirai	je verrai	je pourrai	je viendrai
	tu parleras	tu finiras	tu verras	tu pourras	tu viendras
	il-elle parlera	il-elle finira	il-elle verra	il-elle pourra	il-elle viendra
	nous parlerons	nous finirons	nous verrons	nous pourrons	nous viendrons
	ils-elles parleront	ils-elles finiront	ils-elles verront	ils-elles pourront	ils-elles viendront
	vous parlerez	vous finirez	vous verrez	vous pourrez	vous viendrez
			une base		

Les tableaux de conjugaison présentent :
- trois temps simples : présent – imparfait – futur ;
- le passé composé ;
- le conditionnel présent et le subjonctif ;
- le passé simple à la troisième personne.

Ces tableaux mettent en évidence :
- les formes irrégulières des verbes être, avoir, faire, dire, aller ;
- le nombre de bases (ou radicaux) utilisées dans chaque temps ;
- les formes qui s'écrivent de la même façon *(je-il parle ; je-tu peux)* ;
- les formes qui se prononcent de la même façon mais qui se distinguent à l'écrit *(je-tu voyais / il-elle voyait / ils-elles voyaient ; nous finirons / ils-elles finiront)*.

Sommaire général

* Le CD audio est intégré au *Fichier de l'élève photocopiable*.

LITTÉRATURE
Histoires de vie

GEOGRAPHIE
Les paysages français

Index des compétences en observation réfléchie de la langue (ORL)

Compétences ORL intégrées à la progression des unités

Compétences ORL transversales

(généralisation renvoyant au mémento)

Sommaire des

compétences travaillées

langagières

ÉCRIRE	OBSERVATION RÉFLÉCHIE DE LA LANGUE	Compétences disciplinaires abordées
Je vais apprendre à... • écrire une affichette qui diffuse une information et qui incite à un engagement	*Je vais apprendre à...* • repérer et manipuler les procédés écrits de communication • repérer et manipuler l'impératif • repérer et manipuler l'injonction	*Je vais apprendre à...* • respecter le point de vue des autres • reconnaître la valeur universelle de la solidarité • percevoir les inégalités entre les grandes régions du globe et les actes de solidarité qui tentent de les réduire
Je vais apprendre à... • écrire un haïku	*Je vais apprendre à...* • manipuler l'expansion du nom • manipuler l'adverbe • enrichir mon vocabulaire autour des sensations	*Je vais apprendre à...* • développer une culture littéraire poétique • interpréter et comprendre un poème particulier • mettre ma voix et mon corps en jeu autour d'un texte poétique
Je vais apprendre à... • rédiger un compte rendu pour expliquer un phénomène expérimenté et analysé	*Je vais apprendre à...* • enrichir mon vocabulaire autour du volcanisme • repérer et manipuler les moyens d'exprimer le doute • comprendre et utiliser le présent et le passé composé pour rendre compte	*Je vais apprendre à...* • reconnaître différents phénomènes liés au volcanisme • formuler un questionnement • réaliser des expériences • établir des liens entre réalité et modélisation • communiquer les résultats d'une recherche
Je vais apprendre à... • écrire une histoire de vie dont le personnage principal est un animal	*Je vais apprendre à...* • repérer et manipuler les discours rapportés • repérer et manipuler le discours indirect libre • repérer et manipuler les différents temps du récit • repérer et manipuler les différents indicateurs de temps • enrichir mon vocabulaire autour du thème des appréciations	*Je vais apprendre à...* • identifier un genre littéraire : le récit de vie • interpréter et comprendre un texte • mettre en relation des textes du même genre

Compétences

	Thème et situation-problème	LIRE	DIRE
GÉOGRAPHIE	LES PAYSAGES FRANÇAIS ***Comment caractériser une région et présenter la synthèse d'une recherche ?*** **pp. 74 à 84**	*Je vais apprendre à...* • lire des documents variés traitant tous du thème de l'espace géographique • comprendre l'enjeu de communication de chaque type de document • lire et décrypter des images	*Je vais apprendre à...* • expliciter et argumenter mes choix documentaires • présenter les résultats d'une recherche en utilisant le vocabulaire approprié (lexique de la géographie)
MATHÉMATIQUES	RÉSOLUTION DE PROBLÈMES ***Comment rédiger l'énoncé d'un problème mathématique et échanger sur les démarches de résolution proposées ?*** **pp. 86 à 96**	*Je vais apprendre à...* • lire des formes variées d'énoncés de problème • repérer les caractéristiques des énoncés mathématiques • rechercher les informations utiles à la résolution de problème	*Je vais apprendre à...* • expliciter une démarche de résolution de problème • échanger sur les différentes démarches de résolution
HISTOIRE	LOUIS XIV ***Comment caractériser un personnage historique et rédiger une synthèse concernant son règne ?*** **pp. 98 à 110**	*Je vais apprendre à...* • lire, comprendre et analyser des documents historiques • repérer et prendre en compte les différents points de vue en fonction de l'origine du document • lire et analyser des images	*Je vais apprendre à...* • présenter un personnage historique en le situant dans son contexte historique
LITTÉRATURE	QUE D'OGRES ! ***Comment mettre en voix et développer une pièce de théâtre ?*** **pp. 112 à 133**	*Je vais apprendre à...* • lire et analyser la didascalie initiale et celle de la scène d'exposition d'une pièce de théâtre • repérer l'organisation textuelle du texte théâtral • comprendre le système d'adresse des répliques • lire un texte en le mettant en réseau avec un autre texte	*Je vais apprendre à...* • lire collectivement une scène • repérer le rythme et son sens dans une scène • justifier mon point de vue sur l'histoire • mettre en voix une scène de théâtre

langagières

ÉCRIRE	OBSERVATION RÉFLÉCHIE DE LA LANGUE	Compétences disciplinaires abordées
Je vais apprendre à... • Rédiger la synthèse des informations recueillies pour présenter une région française	*Je vais apprendre à...* • comprendre la construction d'une phrase contenant plusieurs informations et en construire • repérer et manipuler les expansions du nom • repérer et manipuler les déterminants démonstratifs • enrichir mon vocabulaire	*Je vais apprendre à...* • nommer les différents espaces • mettre en relation plusieurs documents traitant d'un même sujet • rassembler un ensemble documentaire et l'organiser
Je vais apprendre à... • rédiger l'énoncé d'un problème mathématique dans le cadre d'un défi mathématique	*Je vais apprendre à...* • identifier et construire des phrases interrogatives • manipuler les déterminants interrogatifs • repérer les temps employés dans les questions des énoncés	*Je vais apprendre à...* • élaborer des outils pour anticiper et prévoir • rechercher des informations pertinentes et les interpréter • mettre en œuvre un raisonnement • articuler différentes étapes de résolution de problème
Je vais apprendre à... • travailler la prise de notes • rédiger la synthèse des informations recueillies dans des documents historiques pour faire le portrait d'un roi et caractériser son règne	*Je vais apprendre à...* • repérer et manipuler les substituts du nom (synonymes, pronoms personnels) • repérer l'emploi de la majuscule • repérer les indicateurs de date et leur importance dans les documents historiques • repérer les temps dans les synthèses de documents historiques (type manuels)	*Je vais apprendre à...* • construire le temps historique • présenter un personnage historique dans son contexte • reconnaître les différentes formes de pouvoir, de groupes sociaux • classer les documents selon leur nature, leur date, leur origine
Je vais apprendre à... • développer une pièce de théâtre en écrivant une scène	*Je vais apprendre à...* • distinguer récit et discours • distinguer discours direct et discours indirect • repérer la valeur d'emploi des modes conditionnel et subjonctif • repérer la ponctuation à valeur idéographique	*Je vais apprendre à...* • identifier un genre littéraire : le texte théâtral • enrichir ma culture littéraire en comparant des textes

Voici ton nouveau manuel de français.

Il va t'accompagner tout au long de l'année.

À l'école, tu lis, tu parles, tu écris dans toutes les matières. Par exemple, tu peux présenter un exposé oral en sciences, dire un poème, donner ton avis sur un récit... tu peux écrire une histoire ou rédiger une synthèse à partir de tes lectures...

Ce manuel va te permettre de réaliser tes projets en t'aidant à mieux lire, mais aussi à mieux écrire et à mieux dire ce que tu penses.

BONNES LECTURES !

BONS ÉCHANGES !

ÉDUCATION CIVIQUE

LA SOLIDARITÉ

DIRE 1

- **Écoute le début de la pièce de théâtre *Pinok et Barbie*, de Jean-Claude Grumberg.**
- **Sur ton cahier de brouillon, écris le thème de cette pièce.**
Échange avec tes camarades.

Pinok et Barbie

SCÈNE 1

VOIX À LA RADIO *(après musique officielle)* : Bonjour les petits enfants, bonjour les chers parents, c'est votre président qui vous parle. Aujourd'hui est un grand jour car c'est la première journée mondiale du partage universel…

Remusique.

PUCE : C'est qui Maman chérie ?

MAMAN CHÉRIE : Quoi ?

PUCE : Le partage universel ?

MAMAN CHÉRIE : Mange ta soupe.

PUCE : C'est trop chaud.

MAMAN CHÉRIE : Souffle alors.

Puce souffle.

VOIX À LA RADIO *(de plus en plus mielleuse, après s'être raclé la gorge)* : Dans quelques jours, c'est Noël. Déjà, le père Noël s'apprête à déposer dans vos petits souliers les joujoux et cadeaux que vous lui avez commandés. Hélas, vos coffres à jouets, vos armoires, vos chambres et greniers regorgent*, débordent encore des cadeaux et des jouets de Noël dernier et même des années précédentes. Que faire ? Sachez que de l'autre côté du monde, dans le pays où les enfants n'ont rien, le père Noël ne passera toujours pas cette année. Tout seul, le pauvre ne peut pas tout faire. Chers petits enfants de mon pays, devenez vous aussi auxiliaires* du père Noël en déposant vos jouets et jeux de l'an dernier ou des autres années place de l'hôtel de ville ou place de la mairie de votre ville ou village. Les jeux et jouets ainsi collectés seront acheminés et distribués de l'autre côté du monde, là où les enfants n'ont rien. Ainsi, grâce à vous, sur toute la Terre, tous les enfants du monde passeront un bon et joyeux Noël. Chers petits enfants, participez de bon cœur à la journée mondiale du partage universel*. Bonnes fêtes de Noël et de jour de l'an à tous les petits enfants et à leurs très très chers parents. Bonsoir.

Remusique martiale et nationale

PINOK *(à Barbie)* : T'as entendu ça Barbie ?

BARBIE : J'ai entendu ça Pinok.

PINOK *(hurlant à la cantonade)* : Gare à vous les vieux joujoux va y avoir du sport !

[...]

SCÈNE 2

À la radio : les jolies chansons et la réclame.

PUCE : Maman chérie, moi aussi je veux donner des joujoux aux enfants du pays où les enfants n'ont rien.

MAMAN CHÉRIE : C'est très bien mon cœur, finis ton dessert.

PUCE : J'ai trop mangé Maman chérie, regarde j'ai le ventre tout gonflé. Je vais leur donner mon Polichinelle et mon nounours, tu sais celui que le gros chien baveux à tonton a manqué de bouffer l'hiver dernier.

MAMAN CHÉRIE : Celui qui n'a plus qu'une patte et à qui il manque un œil ?

PUCE : Voilà.

MAMAN CHÉRIE : Puce, mon cœur, je ne pense pas que Polichinelle puisse se débrouiller de l'autre côté du monde, il est trop âgé, c'est mon grand-père qui me l'avait rapporté de Venise pour Noël quand j'avais ton âge, et puis ses bosses, ses gros yeux et les clochettes à son chapeau risquent de faire peur aux enfants qui ne sont pas habitués aux marionnettes à fils.

PUCE : Que le nounours alors ?

MAMAN CHÉRIE : Franchement ton pauvre nounours depuis son accident canin* est juste bon pour cirer les chaussures. On ne donne pas des jouets cassés ou abîmés.

PUCE : Je peux quand même pas donner mes plus beaux jouets !

MAMAN CHÉRIE : On ne donne que ce qu'on voudrait recevoir soi-même ma Pupuce.

Silence.

PUCE : Quel temps il fait là-bas ?

MAMAN CHÉRIE : Où ça là-bas ?

PUCE : Là où les enfants n'ont rien ! C'est pour savoir comment habiller ma Barbie.

MAMAN CHÉRIE : Il peut faire très très chaud ou très très froid. Le pays des enfants qui n'ont rien est grand, très très grand, il arrive même jusqu'à chez nous.

PUCE : Jusqu'à chez nous ?

MAMAN CHÉRIE : Il y a des enfants qui ne reçoivent pas de jouets le jour de Noël tout près de chez nous, oui.

PUCE : Pourquoi ça ?

MAMAN CHÉRIE : Parce que leurs parents n'ont pas de quoi.

PUCE : N'ont pas de quoi quoi ?

MAMAN CHÉRIE : Leurs parents n'ont pas de sous.

PUCE : Le père Noël ne dépose des jouets que dans les souliers des enfants dont les parents ont des sous alors ?

MAMAN CHÉRIE : Que dans les souliers des enfants qui ont des souliers.

PUCE : Il y a des enfants qui n'ont pas de souliers ?

MAMAN CHÉRIE : Dans le pays où les enfants n'ont rien, bien sûr, beaucoup.

PUCE : Ils sont pauvres alors ?

MAMAN CHÉRIE : Voilà.

PUCE : Est-ce que je peux me lever de table Maman chérie ?

MAMAN CHÉRIE : Oui, dès que tu auras fini ton dessert.

SCÈNE 3

Dans la chambre de Petite Puce.

PINOK *(y défile en faisant semblant de jouer du clairon)* : Tatatata tatatata ! Rassemblement ! Tout le monde sur le pont ! Rassemblement ! C'est la grande réunion ! Dernier briefing* avant départ ! Bye bye Polichino ! Bye bye peluches râpées plastoc moulé, ouste, du balai, du vent ! Bon voyage ! Allez voir là-bas si j'y suis, de l'autre côté du monde chez les mistoufles* qui claquent du bec en se frappant le bidon !

BARBIE : Tais-toi Pinok, Petite Puce veut nous parler.

PUCE : Tous mes joujoux sont là ? Bon. C'est votre Petite Puce, votre présidente qui vous cause. Mes amis, mes très chers amis, mes joujoux chéris adorés, j'ai une très grande nouvelle à vous annoncer.

PINOK *(sur l'air des lampions)* : On la connaît déjà, on la connaît déjà !

BARBIE : Pinok tais-toi, tu es insupportable.

PINOK *(l'imitant)* : « Insupportable »…

PUCE : Nous allons tous participer à la journée universelle du partage mondial.

PINOK : Non non c'est le contraire !

BARBIE : Tais-toi !

PINOK : Mais c'est le contraire !

PUCE : Deux d'entre vous...

PINOK : Seulement deux ?

PUCE : Deux de mes jouets préférés vont partir faire le bonheur des enfants du pays où les enfants n'ont rien. Surtout que ceux qui partent n'aient pas peur, partout les enfants sont gentils, partout ils vous aimeront, et qu'il fasse chaud ou froid, partout vous serez très bien reçus.

PINOK : Pardon, c'est qui qui part à la fin ? C'est qui, c'est qui ? Elle cause, elle cause, elle dit jamais rien.

PUCE : J'ai décidé après mûre réflexion de confier cette mission au plus expérimenté d'entre vous…

PINOK *(ravi)* : Polichinelle Polichino ! Bravi bravo ! Bye bye ! Boy boy !

PUCE : Le plus aimé aussi parce qu'il ne faut donner que ce qu'on a soi-même envie de recevoir. C'est donc mon Pinok adoré qui partira là-bas de l'autre côté...

(Elle prend Pinok dans ses bras et lui murmure à l'oreille.)

Voilà mon petit cœur, c'est toi qui pars mais comme tu es très débrouillard tu vas très bien te débrouiller. En plus comme tu es en bois de la tête aux pieds tu n'auras jamais ni chaud ni froid. Pour t'accompagner et te protéger ma Barbie préférée revêtue de sa somptueuse robe de fée et munie de sa baguette magique restera à tes côtés et si tu te conduis très bien Pinok adoré, si tu ne dis plus de gros mots ni de mensonges, si tu ne te moques pas de tes petits camarades de voyage, elle aura le pouvoir de faire de toi un vrai petit garçon, comme ça tu pourras revenir à la maison raconter à Maman chérie et à ta Petite Puce adorée tout ce que tu as fait et vu au pays des enfants qui n'ont rien. On pourra même en faire des DVD pour les offrir aux cousins cousines, voilà. Je t'embrasse bien tendrement mon Pinok aimé, reviens-moi vite, et toi Barbie chérie veille bien sur lui. *(Elle embrasse le pantin et la poupée, elle est au bord des larmes.)* Demain matin avant l'école j'irai avec Maman chérie vous déposer place de l'hôtel de ville.

Elle sort en claquant la porte et en laissant éclater ses sanglots.

Jean-Claude Grumberg
dans *Pinok et Barbie*

* **regorger :** avoir une grande abondance (avoir énormément).
* **un(e) auxiliaire :** une personne qui aide, un(e) assistant(e).
* **universel :** qui s'étend à l'univers, au monde entier.
* **accident canin :** accident dû à un chien.
* **briefing :** (mot anglais) courte réunion d'information.
* **un mistoufle :** (langage populaire) un miséreux

ÉCRIRE 1

Pour alerter les gens sur un problème, on peut faire une annonce à la radio. C'est ce que fait le président dans Pinok et Barbie.

• **On peut aussi le faire par affichage. Rédige une affichette pour inciter les enfants de ton pays à participer au « partage universel ».**
Tu peux t'aider du message radio, mais ton message doit être plus court : il doit tenir sur une petite feuille.

DIRE 2

• **Lis cet extrait de *Pinok et Barbie*.**

Rappelle-toi : Puce a donné ses jouets préférés au pays des enfants qui n'ont rien. Le pantin de bois et la poupée arrivent en camion au « pays où les enfants n'ont rien ».

BARBIE : Je suis prise par une fillette bien maigre, elle a les jambes encore plus fluettes que les tiennes ! Elle m'emporte ! Elle me sert contre elle, elle me donne des bisous. Adieu Pinok ! Courage et bonne chance !

PINOK : « Courage et bonne chance », merci bien ! Tu devais rester à mes côtés pour me protéger ! Mais qu'est-ce qui se passe encore ? On me laisse, on m'abandonne ? Personne ne veut de moi ? Pas une seule ombre* ? Pas un seul petit enfant tout maigrelet et sans joujou pour m'adopter et prendre soin d'un pauvre petit Pinok abandonné par sa fée ? Oh oh ? Y a personne ?

BARBIE : Je suis là Pinok, je suis de retour.

PINOK : Et ta petite ombre alors ?

BARBIE : Elle m'a mordillé le bras puis elle a essayé de me croquer la tête et puis elle m'a foutue par terre et elle s'est mise à courir vers les autres, j'ai peur que nous soyons tombés chez des plasticophages*.

Jean-Claude Grumberg
dans *Pinok et Barbie*

* **une ombre** : ici, Pinok utilise ce terme pour désigner les enfants extrêmement maigres.
* **plasticophage** : terme inventé par l'auteur pour désigner des personnes qui se nourriraient de plastique.

1. **Comment Barbie est-elle traitée par la fillette qui la prend ? À ton avis, pourquoi la fillette agit-elle ainsi avec son jouet ?**

2. **Que penses-tu que les habitants du pays de Puce auraient dû faire pour aider les enfants qui n'ont rien ?**

3. **Avec l'ensemble des élèves de ta classe, échangez sur la question suivante : comment entreprendre le mieux possible une action de solidarité ?**

➔ Fiche 1

LIRE 1

- **Observe les documents 1 à 5. Ils n'ont pas la même forme, mais ils traitent tous du même sujet.**

- **Quel est le thème commun à ces cinq documents ? Imagine un titre général.**

1

La faim dans le monde

815 millions de personnes ont un accès insuffisant à la nourriture

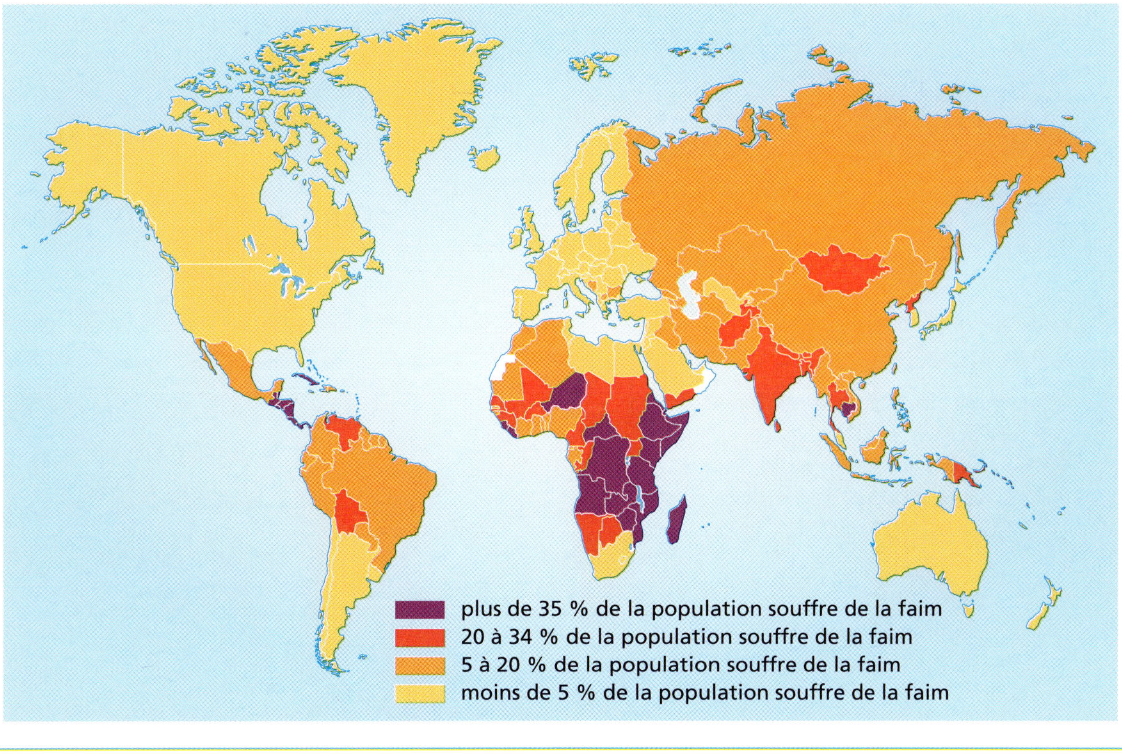

2 Des pommes de terre peu communes

Les élèves de l'école des Pressavois qui ont vendu une partie de leur production de fleurs et de légumes au profit d'enfants du Bangladesh.

Pour la première fois depuis que les jardins de Mamie Monette existent, les élèves de l'école des Pressavois ont vendu une partie de leur production de légumes et de fleurs.

Depuis l'an 2000, l'école des Pressavois dispose en effet d'une parcelle dans les marais. Un outil pédagogique intéressant pour ces élèves dont la plupart n'ont jamais eu l'occasion de jardiner. Mais cette année, le travail de l'année a pris une dimension plus importante avec une opération de solidarité. La récolte de pommes de terre, ainsi que quelques plantes aromatiques et quelques fleurs ont été vendues.

Cette vente a permis de collecter* trois cent quarante-deux euros. Ces fonds* seront reversés pour aider à la scolarisation d'enfants à l'école de Tarash au Bangladesh.

Aider des enfants du Bangladesh

« Ces fonds permettront de financer des déjeuners pour les élèves. S'ils ne peuvent s'offrir ces repas, ils ne peuvent pas aller à l'école », souligne l'enseignante.

Une opération très complète pour ces élèves berruyers* car non seulement ils ont planté, cultivé, récolté, nettoyé, pesé et conditionné* les pommes de terre, mais c'est également eux qui ont choisi d'organiser cette vente au profit d'enfants du Bangladesh. « C'est vraiment le choix des enfants. C'est une volonté qui a émergé à l'occasion des conseils d'élèves. Ils ont manifesté clairement l'envie d'avoir une action de solidarité envers un pays du tiers monde », explique Françoise Coleman, directrice de l'école des Pressavois. Les écoliers n'étaient pas peu fiers, jeudi en fin d'après-midi, dans leur jardin du marais* et ils pouvaient l'être.

Magali Saint-Genès

D'après un article paru le 4 juillet 2003 dans *Le Berry républicain*.

- * **collecter** : recueillir, rassembler.
- * **des fonds** : de l'argent recueilli.
- * **berruyer** : qui habite la ville de Bourges.
- * **conditionner** : emballer.
- * **un marais** : un marécage assaini consacré à la culture maraîchère (jardins potagers).

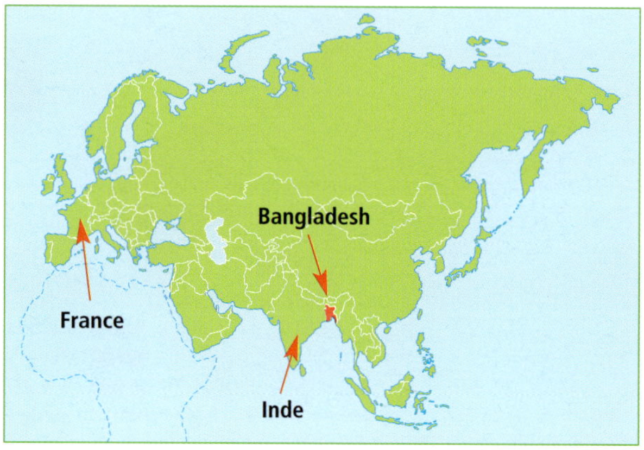

3

* **une crise politique** : une période difficile traversée par ce pays en raison d'une dictature (régime très autoritaire).
* **des pluies diluviennes** : des pluies très abondantes.

4

5

Une personne meurt de faim dans le monde toutes les quatre secondes

16 septembre 2002 :

815 millions de personnes souffrent de la faim dans le monde.

30 pays d'Afrique souffrent de sous-alimentation. La Somalie détient le triste record de malnutrition* de la planète : 75% de sa population en souffre.

24 000 personnes meurent de faim chaque jour dans le monde, soit une toutes les quatre secondes.

3 600 calories avalées en moyenne quotidiennement par un Américain : 67% de plus qu'un Africain !

D'après la page du site http://terresacree.org/faim.htm

* **la malnutrition :** le déséquilibre alimentaire (mal nourri).

➜ Fiche 2

LIRE 2 - OBSERVATION RÉFLÉCHIE DE LA LANGUE 1

- **Observe le document 5 présenté ci-dessus.**
- **Quelle partie du document as-tu regardée en premier ? À quoi cela t'a-t-il fait penser ?**

➜ Fiche 3

LIRE 3

Pour mieux comprendre les documents

- L'Unicef est un organisme dépendant de l'ONU (Organisation des Nations unies). L'Unicef est chargé de développer une aide à l'enfance dans les pays pauvres.
- Cartier est un joaillier parisien, créateur de bijoux de très grande valeur.

A

D'après une affiche de l'Unicef.

B

1. Observe attentivement ces deux documents. Repère leurs ressemblances et leurs différences.

2. Échange avec tes camarades sur :
   – les problèmes sur lesquels ces documents attirent l'attention ;
   – la composition de chaque document.

Fiche 4

OBSERVATION RÉFLÉCHIE DE LA LANGUE 2

1. Relis ce texte que tu as déjà entendu.

VOIX À LA RADIO *(de plus en plus mielleuse, après s'être raclé la gorge)* :
Dans quelques jours, c'est Noël. Déjà, le père Noël s'apprête à déposer dans vos petits souliers les joujoux et cadeaux que vous lui avez commandés. Hélas, vos coffres à jouets, vos armoires, vos chambres et greniers regorgent, débordent encore des cadeaux et des jouets de Noël dernier et même des années précédentes. Que faire ? Sachez que de l'autre côté du monde, dans le pays où les enfants n'ont rien, le père Noël ne passera toujours pas cette année. Tout seul, le pauvre ne peut pas tout faire. Chers petits enfants de mon pays, devenez vous aussi auxiliaires du père Noël en déposant vos jouets et jeux de l'an dernier ou des autres années place de l'hôtel de ville ou place de la mairie de votre ville ou village. Les jeux et jouets ainsi collectés seront acheminés et distribués de l'autre côté du monde, là où les enfants n'ont rien. Ainsi, grâce à vous, sur toute la Terre, tous les enfants du monde passeront un bon et joyeux Noël. Chers petits enfants, participez de bon cœur à la journée mondiale du partage universel. Bonnes fêtes de Noël et de jour de l'an à tous les petits enfants et à leurs très très chers parents. Bonsoir.

Jean-Claude Grumberg
dans *Pinok et Barbie*

2. Rappelle-toi : quel est le personnage qui parle et à qui s'adresse-t-il ?

3. Avec quel objectif ce message est-il diffusé ?

4. À quel temps sont conjugués les trois verbes surlignés en orange ?

➜ Fiche 5

LIRE 4 - OBSERVATION RÉFLÉCHIE DE LA LANGUE 3

Pour mieux comprendre les documents

- Haïti est une île de l'océan Atlantique, située en Amérique centrale. Ce pays, qui a connu près de trente années de dictature, est l'un des plus pauvres du monde.
- Dans la deuxième semaine de septembre 2004, un ouragan s'est abattu sur Haïti. Des torrents de boues ont envahi plusieurs villes du nord de l'île.
- Un ouragan est une tempête très violente (la vitesse du vent dépasse 120 km à l'heure) et est accompagné de pluies diluviennes, c'est-à-dire de trombes d'eau.
- « Action contre la faim » est un organisme non gouvernemental (ONG) humanitaire qui lutte, depuis de nombreuses années, contre la faim dans le monde.

1. Lis attentivement le document 3, page 23 de ton manuel.

2. Repère dans le document tous les éléments qui donnent des informations sur la situation en Haïti.

3. À quoi servent les autres éléments figurant sur ce document ?

**4. Quelle phrase incite le lecteur à agir ?
Propose d'autres manières de le dire.**

➔ Fiche 6

LIRE 5

Pour mieux comprendre les documents

Repère où se situent le Kenya et le Maroc sur cette carte de l'Afrique.

- **Lis les textes C et D des deux pages suivantes.**

C L'adieu aux frais de scolarité

L'augmentation brutale du nombre d'enfants dans les écoles du Kenya s'est accompagnée de problèmes. Plus de 70 élèves s'entassent maintenant dans des salles prévues pour 35.

À Kibera (Kenya), la classe de premier niveau de l'école primaire Ayany est une ruche qui bourdonne d'activités. Des écoliers excités sont assis sur la moquette aux couleurs vives. D'autres écrivent au tableau noir, d'autres encore lisent leurs livres. Et Silvia Akinyi, 10 ans, fait une démonstration de son nouveau savoir.

Il n'y a pas si longtemps, Silvia n'allait pas à l'école. Quand l'enseignement était payant, les enfants les plus vulnérables – les pauvres, ceux dont les parents sont morts du SIDA, les filles – n'y allaient pas. Dans une grande partie des pays en développement, les frais de scolarité* (auxquels vient s'ajouter le coût des cahiers, des uniformes et des examens) et les responsabilités familiales, telles que les soins à apporter à des parents malades, empêchent les familles pauvres de scolariser leurs enfants.

Quand le Kenya a aboli* les frais de scolarité, les familles qui ne pouvaient auparavant pas se permettre de payer les 133 dollars d'inscription, ou les 27 dollars que coûte un uniforme, ont commencé à envoyer leurs enfants à l'école. Depuis janvier 2003, plus de 1,3 million d'enfants est allé en classe pour la première fois grâce à la politique de l'éducation primaire gratuite pour tous. La suppression des frais de scolarité a fait passer le nombre d'élèves inscrits à l'école de 5,9 millions à 7,2 millions à l'échelle nationale.

Cette montée en flèche* du nombre d'inscriptions au Kenya n'est pas allée sans poser certains problèmes : pénurie* de pupitres, de papier ou d'autres fournitures scolaires.

La situation des enfants dans le monde
rapport 2004 de l'Unicef

* **les frais de scolarité** : les sommes que doivent payer les parents pour envoyer leurs enfants à l'école (inscription...).
* **abolir** : supprimer.
* **une montée en flèche** : une augmentation rapide et importante.
* **la pénurie** : le manque.

D L'école de Brahim

« Je m'appelle Brahim. Mon école à moi est dans la montagne du Haut Atlas. Le village s'appelle Armed, il est situé à 2 000 mètres d'altitude sur une piste qui mène au djebel Toubkal, le plus haut sommet du Maroc. J'habite avec ma famille et mes grands-parents dans une maison traditionnelle : on est huit en tout. La semaine de classe est de trente heures, la moitié en arabe, la moitié en français. Moi, j'aime beaucoup écrire en arabe et j'apprends la calligraphie avec mon papa, chez nous, on écrit de droite à gauche. Après l'école de 9 heures à 17 heures, on rentre et on fait nos devoirs. Les filles aident à la cuisine, vont chercher de l'eau pour la maison et de l'herbe pour les vaches, les garçons gardent les moutons et travaillent aux champs. Chez nous, c'est comme ça. Alors, c'est plus difficile l'école parce que c'est beaucoup de travail en plus. »

Brahim, École Armed, à Asni-Imlil

Témoignage publié dans *Vadrouille, guide de voyage pour les enfants*

1. Quel problème ces deux textes évoquent-ils ?

2. Quelles actions sont entreprises par l'Unicef et le Kenya pour aider les enfants de ce pays ?

➜ Fiche 7

DIRE 3

- **Quelle action peut-on envisager pour aider à la scolarisation des enfants dans un pays en voie de développement ?**
- **Échange avec tes camarades afin de définir quelles actions de solidarité vous pourriez engager et mettez-vous d'accord sur une décision collective.**

ÉCRIRE 2

- **À partir du texte C, sélectionne et récapitule, sur ton cahier de production d'écrits, les informations qui te serviront pour rédiger une affichette.**

SYNTHÈSE

Récapitule avec l'ensemble des élèves de ta classe ce que tu as appris dans cette unité.

➜ Fiche SYNTHÈSE

ÉCRIRE 3

- **Rédige une affichette afin de diffuser l'action de solidarité que ta classe souhaite engager.**

DIRE 4

- **Au cours d'un débat organisé avec d'autres élèves de ton école, présente l'action que ta classe souhaite engager pour mobiliser et faire agir.**

OBSERVATION RÉFLÉCHIE DE LA LANGUE 4

Vérifie l'orthographe de ton texte en utilisant les outils qui sont à ta disposition : fiche synthèse de l'unité, mémento, dictionnaire, répertoire, affichages de classe...

LITTÉRATURE

HAÏKU

DIRE 1

1. Écoute sept petits textes dits par des comédiens.

2. Maintenant, lis-les puis choisis celui que tu préfères.

La chambre d'à côté
sa lumière aussi s'éteint –
que la nuit est froide !

Dans l'eau de la cruche
nage une grenouille verte –
les pluies de mai

Comme compagnon
je demande au papillon
d'être du voyage !

La plage de sable –
pourquoi allumer un feu ?
la lune d'été

Shiki
traduction de J. Titus-Carmel
dans *Cent sept haïku* © Verdier

Au soir
parlant avec la terre
les feuilles tombent

Issa
traduction de A. Gouvret et N. Imamura
éd. Arfuyen

La tombée du jour –
dans le jardin seulement
le chant des insectes

Pour faire le feu
le vent qui souffle m'apporte
les feuilles d'automne

Ryokan
traduction de J. Titus-Carmel
dans *99 haïku* © Verdier

3. **Parmi ces images, laquelle pourrait illustrer le texte que tu as choisi ?**

4. **Lis à tes camarades le texte que tu préfères et discute de ton choix.**

5. **Observe à nouveau l'ensemble des textes. Sur une feuille, écris à quoi ils te font penser : note les mots qui te viennent à l'esprit.**

LIRE 1

Pour mieux comprendre les textes

- Les petits textes que tu as découverts s'appellent des haïku.
- Les haïku sont des poèmes japonais. Les premiers haïku sont très anciens : ils ont été écrits au XVIe siècle.
- Aujourd'hui, de nombreux poètes du monde entier s'inspirent de ces haïku anciens pour écrire leurs poèmes.

- **Voici quatre des textes que tu as déjà entendus et lus :**

La chambre d'à côté
sa lumière aussi s'éteint –
que la nuit est froide !

Dans l'eau de la cruche
nage une grenouille verte –
les pluies de mai

La plage de sable –
pourquoi allumer un feu ?
la lune d'été

Trois haïku de **Shiki**

Au soir
parlant avec la terre
les feuilles tombent

Issa

- **Quel est le thème commun à ces quatre textes ?**

➔ Fiche 1

LIRE 2

1. Lis ces deux poèmes :

La cigale

L'air est si chaud que la cigale,
La pauvre cigale frugale
Qui se régale de chansons,
Ne fait plus entendre les sons
De sa chansonnette inégale ;
Et, rêvant qu'elle agite encor
Ses petits tambourins de fée,
Sur l'écorce des pins, chauffée,
Où pleure une résine d'or,
Ivre de soleil, elle dort.

Paul Arène
(1843-1896)

Automne

Odeurs des pluies de mon enfance
Derniers soleils de la saison !
À sept ans comme il faisait bon,
Après d'ennuyeuses vacances,
Se retrouver dans sa maison !

La vieille classe de mon père,
Pleine de guêpes écrasées,
Sentait l'encre, le bois, la craie
Et ces merveilleuses poussières
Amassées par tout un été.

Ô temps charmant des brumes douces,
Des gibiers, des longs vols d'oiseaux,
Le vent souffle sous le préau,
Mais je tiens entre paume et pouce
Une rouge pomme à couteau.

René Guy Cadou
dans *Poésie la vie entière, œuvres complètes*

2. En quoi sont-ils semblables aux haïku que tu as lus ? En quoi sont-ils différents ?

Fiche 2

OBSERVATION RÉFLÉCHIE DE LA LANGUE 1

• **Écoute ce poème :**

Sensation

Par les soirs bleus d'été, j'irai dans les sentiers,
Picoté par les blés, fouler l'herbe menue :
Rêveur, j'en sentirai la fraîcheur à mes pieds.
Je laisserai le vent baigner ma tête nue.

Je ne parlerai pas, je ne penserai rien,
Mais l'amour infini me montera dans l'âme,
Et j'irai loin, bien loin, comme un bohémien,
Par la Nature, – heureux comme avec une femme.

Arthur Rimbaud
dans *Poésies* (1870)

• **À ton avis, pourquoi Arthur Rimbaud a-t-il intitulé ce poème « Sensation » ? Échange avec tes camarades.**

Fiche 3

Dans les blés à Gennevilliers, peinture de B. Morisot (XIXe siècle).

ÉCRIRE 1 - DIRE 2

• **À partir de l'un des textes de la page 35, écris un court poème dans ton cahier de poésie.**

• **Entraîne-toi à le dire à voix haute.**

Fiche 4

LIRE 3

Pour mieux comprendre les textes

- Tu vas lire trois haïku de Bashô. Bashô est un poète japonais qui a vécu au XVIIIe siècle. Il est très célèbre et ses haïku sont connus dans le monde entier.
- Bien sûr, ils sont traduits ! Voici par exemple le texte original du haïku « Dans le vieil étang » :

furu ike ya
kawazu tobikomu
mizu no oto

古池や蛙飛びこむ水の音

1. Lis ces trois haïku :

Toutes mouillées
Inclinées
Pivoines sous la pluie

traduction d'A. Kerven
dans *Jours de printemps*
éd. Arfuyen

Ô fraîcheur,
Les pieds au mur,
À faire la sieste !

Dans le vieil étang
Une grenouille saute
Un ploc dans l'eau !

traduction de G. Renondeau dans
Anthologie de la poésie japonaise classique
éd. Gallimard © Unesco pour la traduction

2. Observe comment est construit chaque haïku.
3. Quelle classe de mots est la plus utilisée ?

➔ Fiche 5

OBSERVATION RÉFLÉCHIE DE LA LANGUE 2

- **Observe ces quatre groupes nominaux :**

Odeurs des pluies de mon enfance en Bretagne

Odeurs

Odeurs des pluies de mon enfance

Odeurs des pluies

1. Retrouve celui qui correspond exactement au poème « Automne » (p. 35).
2. Quelle est la différence entre ces groupes du nom ?

➔ Fiche 6

ÉCRIRE 2

Voici un jeu pour écrire un haïku :

Dans un groupe de trois, chaque élève prend une feuille blanche.
1) Chacun écrit cinq mots sur sa feuille.
2) Chaque élève offre sa feuille à son voisin de gauche ; celui-ci écrit une courte histoire en utilisant obligatoirement les mots donnés par son camarade.
3) Chaque élève offre sa feuille à son voisin de gauche ; celui-ci lit l'histoire, choisit les mots, les idées qui lui plaisent et écrit un haïku.
Chacun écrit son poème dans son carnet et l'illustre s'il le souhaite.

LIRE 4

- **Lis ces haïku :**

La tombée du jour –
dans le jardin seulement
le chant des insectes

Ryokan
traduction de J. Titus-Carmel
dans *99 haïku* © Verdier

Je rentre fâché
– mais aussitôt dans le jardin :
le jeune saule

Ryôta

Si rudement tombe
sur les œillets
l'averse d'été

Sampû
traduction de R. Munier
éd. Arfuyen

Soleil rouge vif
impitoyable et déjà
le vent de l'automne

Bashô
traduction de J. Titus-Carmel
dans *Cent onze haïku* © Verdier

Tout a brûlé.
Heureusement, les fleurs
Avaient achevé de fleurir.

Hokushi
traduction de G. Renondeau
dans *Anthologie de la poésie japonaise classique*
éd. Gallimard © Unesco pour la traduction

- **Choisis le haïku que tu préfères. Pour toi, de quoi parle-t-il ?**

➜ Fiche 7

OBSERVATION RÉFLÉCHIE DE LA LANGUE 3

- **Relis ce poème d'Hokushi :**

Tout a brûlé.
Heureusement, les fleurs
Avaient achevé de fleurir.

1. Retrouve le mot choisi par l'auteur pour montrer l'opposition entre un événement qu'il trouve négatif et un événement qu'il trouve positif.

2. À quelle classe de mot appartient-t-il ? (Tu peux t'aider du mémento.)

➔ Fiche 8

ÉCRIRE 3

Pense à ta journée d'hier... S'est-il passé quelque chose d'inattendu, de bizarre ou la journée a-t-elle été habituelle ?

- **Écris les trois mots qui te viennent à l'esprit en pensant à cette journée.**

- **Écris un haïku contenant un adverbe qui exprime justement l'inattendu, l'habituel, le surprenant, l'agréable... de cette journée.**

DIRE 3

- **Écoute sept nouveaux haïku :**

Bougies, cadeaux, gâteaux ;
Amis et sourires.
C'est mon anniversaire !

Famille réunie. Il fait bon.
On ne dit rien.
Simplement, on s'aime.

Au chaud dans mon lit,
La lune me berce,
Baiser de maman que j'aime.

Camarades d'école :
Secrets échangés, clins d'œil
Chacun est unique

Sabine Minssieux
dans *Mes premiers haïku* – Aimer

Les cheveux verts
coiffés comme un Iroquois
il téléphone à sa grand-mère.

Chaque matin
au-dessus de son bol
elle sourit.

Des larmes plein les yeux.
Elle les laisse monter,
elles s'arrêtent toutes seules.

Anne Tardy
Illustrations de **Georges Lemoine**
dans *Mon carnet de haïkus*

1. **Quels sont les thèmes de ces poèmes ?**

2. **Choisis celui que tu préfères et mets-le en voix.**

SYNTHÈSE

Récapitule avec l'ensemble des élèves de ta classe ce que tu as appris dans cette unité.

➔ Fiche SYNTHÈSE

ÉCRIRE 4

• **Pour compléter ton carnet de haïku, écris-en un en choisissant la consigne qui te convient :**

A Regarde par la fenêtre ou ferme les yeux. Que vois-tu ? Écris un haïku.

B Choisis une saison, écris trois mots qui te font penser à cette saison. Écris un haïku.

C Choisis une image dans ta classe. Écris un haïku.

D Lis les poèmes suivants (p. 42). Choisis celui que tu préfères. Recopie les mots de ce poème qui te touchent le plus. Écris un haïku.

DIRE 4

1. **Lis à la classe le haïku que tu as écrit.**

2. **Regroupez par trois ou quatre les haïku autour d'un mot, d'une sensation, d'un thème…**
Préparez une mise en voix d'un ensemble de haïku, en choisissant l'ordre de lecture des textes, la place des lecteurs dans la salle, l'accompagnement sonore éventuel…

3. **Dites les haïku à la classe.**

OBSERVATION RÉFLÉCHIE DE LA LANGUE 4

• **Révise l'orthographe de tes textes à l'aide des outils qui sont à ta disposition : fiche synthèse de l'unité, mémento, dictionnaire, répertoire, affichages de classe…**

Quelques poèmes supplémentaires pouvant inspirer des haïku…

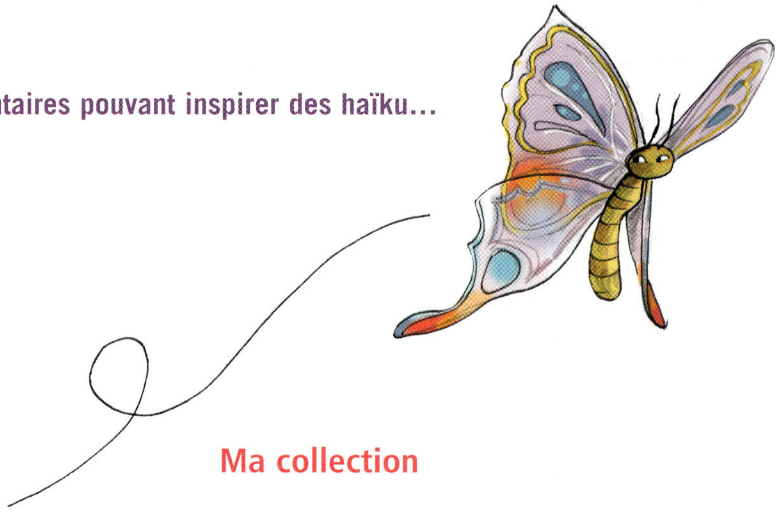

Libre papillon

Pourquoi tourner en rond
dans la maison,
comme une fourmi affairée,
pressée
qui va, qui vient
pour rien ?
Ouvre la croisée
sur le ciel d'été
de joyeux moineaux
sifflent sous l'ormeau,
oublie la fourmi, deviens papillon
qui danse sur le gazon,
papillon bouffon
libre papillon
qui n'a pas de maison
pour tourner en rond.

Michelle Daufresnes
dans *Envol*, Lo Païs d'Enfance
© éd. du Rocher

L'oiseau du matin

C'est le petit roi du matin,
L'oiseau qui chante à ma fenêtre.
Voix de velours, œil de satin,
C'est le petit roi du matin.
En plein cœur son refrain m'atteint,
Comme un amour qui vient de naître.
C'est le petit roi du matin,
L'oiseau qui chante à ma fenêtre.

Jacques Charpentreau
dans *Le jardin des poètes*
© Atelier–Éditions ouvrières

Ma collection

Tous les baisers
Qu'on m'a donnés
Toutes les bulles de tendresse
et tous mes colliers de caresses
j'en fais collection…

Peut-être il poussera
Des forêts d'arbres à bises
Des buissons tendres de murmures
Un hérisson aux doigts très doux
Lorsque je sèmerai
Ma collection, en mai !

Tous les baisers
Qu'on m'a donnés
Toutes les bulles de tendresse
et tous mes colliers de caresses
je les garde bien au doux
dans un beau coffret à bisous.

Christian Poslaniec
dans *Fleurs de carmagnole*
© éd. Saint-Germain-des-prés

SCIENCES

LES VOLCANS

ÉCRIRE 1

Une étonnante éruption

Sur l'île de la Réunion, en bord de mer, un cratère crache de la lave à 50 mètres de hauteur. Personne n'avait jamais observé ce phénomène sur l'île.

Depuis le 13 août dernier, le célèbre volcan de l'île de la Réunion, le Piton de la Fournaise, est entré en éruption. La lave s'écoule depuis son cratère, situé à 2 000 mètres, jusqu'à la mer.

Les Clés de l'actualité junior (3 septembre 2004)

1. Lis ce texte. De quoi parle-t-il ?

2. Pour toi, qu'est-ce qu'un volcan ?

3. Rédige un petit texte pour préciser ce que tu connais de ce phénomène naturel. Si tu le souhaites, tu peux ajouter un dessin à ton texte.

DIRE 1

- **Présente à tes camarades la réponse que tu proposes.**
- **Échangez sur vos propositions.**

LIRE 1

- **Parmi les documents suivants, sélectionne ceux qui peuvent t'aider à répondre aux questions que l'on se pose :**
« Qu'est-ce qu'un volcan ? Comment fonctionne une éruption volcanique ? »

Pour mieux comprendre les documents

- Dans la mythologie romaine, Vulcain est le dieu du Feu et des Métaux. Les Grecs le nommaient Héphaïstos.
- L'Etna et le Vésuve sont des volcans qui sont encore en activité. Le premier est situé en Sicile, le second dans le sud de l'Italie, près de Naples.

❶ Volcans et mythologie

Pour les Grecs et les Romains de l'Antiquité, le feu de l'Etna, sa taille gigantesque, ses accès de fureur, semblaient être l'œuvre d'êtres tout-puissants : celle des dieux (Héphaïstos pour les Grecs, Vulcain pour les Romains) ou celle de terribles géants, les cyclopes*.
« Là, sous l'Etna, se trouve le séjour d'un dieu » disaient les Anciens. « De ces gouffres trop pleins, déborde le feu d'Héphaïstos, et dans ces cavernes closes retentit le bruit de ses actifs travaux. »
On racontait qu'Héphaïstos avait installé sa demeure et sa forge dans les profondeurs de l'Etna. Le volcan se mettait à gronder lorsque le dieu martelait* le fer sur son enclume. Mais il ne travaillait pas seul. Les cyclopes l'aidaient. Lors de son arrivée, Héphaïstos les avaient trouvés et domptés en leur apprenant son métier. Auparavant, ces êtres terrifiants et sauvages hantaient les pentes de l'Etna. La seule évocation de leur nom faisait frémir de peur. Géants, comme l'Etna, aussi coléreux que lui, les cyclopes, au nombre de 100, peuplaient les cavernes du volcan. Ils étaient si grands qu'ils touchaient le ciel de leur front. Un œil, unique et rond comme un cratère, trouait leur face monstrueuse en plein milieu. On croyait que l'Etna entrait en éruption lorsqu'un cyclope se mettait en colère.

D'après **Valérie Massignon**
dans *Un volcan et des hommes*
éd. Nathan, 1992

* **un cyclope** : un géant qui n'a qu'un œil au milieu du front.
* **marteler** : frapper à coup de marteau.

❷ L'éruption du Vésuve en l'an 79

Pour mieux comprendre le texte

- Pline le Jeune est un écrivain latin né en l'an 61 ou 62. Des nombreuses œuvres qu'il a composées, il ne reste que ses *Lettres*.
- Le 24 août 79, le Vésuve, volcan jusque-là endormi, entre en éruption et ensevelit les villes d'Herculanum, de Pompéi et de Stabies situées à ses pieds, sur le golfe de Naples.

Une nuée* se formait (on ne pouvait bien voir de loin de quelle montagne elle sortait, on sut ensuite que c'était du Vésuve), ayant l'aspect et la forme d'un arbre et faisant penser surtout à un pin. Car après s'être dressée à la manière d'un tronc fort allongé, elle déployait comme des rameaux, ayant été d'abord, je suppose, portée en haut par la colonne d'air au moment où elle avait pris naissance, puis cette colonne étant retombée, abandonnée à elle-même ou cédant à son propre poids, elle s'évanouissait en s'élargissant ; par endroit elle était d'un blanc brillant, ailleurs poussiéreuse et tachetée, par l'effet de la terre et de la cendre qu'elle avait emportées...

[...] Déjà les bateaux recevaient de la cendre, à mesure qu'ils approchaient plus chaude et plus épaisse, déjà aussi de la pierre ponce et des cailloux noircis, brûlés, effrités par le feu, déjà il y avait un bas-fond et des rochers écroulés interdisaient le rivage.

[...] Pendant ce temps, le sommet du mont Vésuve brillait sur plusieurs points de larges flammes et de grandes colonnes de feu dont la rougeur et l'éclat étaient avivés par l'obscurité de la nuit.

* **une nuée** : un gros nuage épais.

Pline le Jeune
dans *Lettres, tome II, Livres IV-VI*
Traduit par Anne-Marie Guillemin

L'éruption du Vésuve en l'an 79, dans la baie de Naples.
Peinture du XVIIIe siècle.

③ Deux types d'éruptions volcaniques

Éruption effusive : le Piton de la Fournaise (sur l'île de la Réunion) en 2004.

Éruption explosive : La Soufrière (sur une île de la Guadeloupe) en 1997.

④ Que se passe-t-il lors d'une éruption volcanique ?

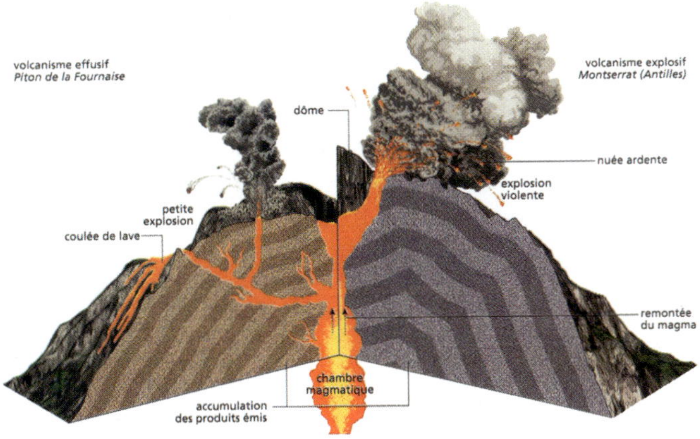

• Les éruptions volcaniques sont provoquées par le magma (un mélange de gaz et de roche en fusion) qui remonte par des fissures depuis les profondeurs de la Terre (environ 100 km) jusqu'à la surface.

• Lors d'une **éruption effusive**, le magma remonte sans difficulté vers le sommet du volcan car il est fluide. Une lave fluide, elle aussi, s'écoule ensuite le long des pentes.

• Lors d'une **éruption explosive**, le magma remonte avec difficulté car il est visqueux. De violentes explosions se produisent : elles projettent vers le ciel des gaz, des fragments de lave, des cendres et des blocs de roche.

Sciences cycle 3, 64 enquêtes pour comprendre le monde

❺ Les volcans du Petit Prince

Pour mieux comprendre le texte

● *Le Petit Prince* est un récit écrit en 1943 par Antoine de Saint-Exupéry, aviateur et écrivain français. Dans cet ouvrage, il raconte l'histoire d'un jeune prince qui vit seul sur une planète minuscule. Un jour, le petit prince décide de quitter sa planète et de voyager.

Je crois qu'il profita, pour son évasion, d'une migration d'oiseaux sauvages. Au matin du départ il mit sa planète bien en ordre. Il ramona soigneusement ses volcans en activité. Il possédait deux volcans en activité. Et c'était bien commode pour faire chauffer le petit déjeuner du matin. Il possédait aussi un volcan éteint. Mais, comme il disait : « On ne sait jamais ! » Il ramona donc également le volcan éteint. S'ils sont bien ramonés, les volcans brûlent doucement et régulièrement, sans éruptions. Les éruptions volcaniques sont comme des feux de cheminée. Évidemment sur notre terre nous sommes beaucoup trop petits pour ramoner nos volcans. C'est pourquoi ils nous causent des tas d'ennuis.

Antoine de Saint-Exupéry
dans *Le Petit Prince* © Gallimard

❻ Comment créer une éruption volcanique ?

➜ Fiche 1

Texte de M. Beynié, illustrations de M. Roussel
Images Doc © Bayard Jeunesse, 2004

OBSERVATION RÉFLÉCHIE DE LA LANGUE 1

- **Compare ces deux phrases :**

Les volcans sont bien commodes pour faire chauffer le petit déjeuner.
Un mélange brûlant de gaz et de roche en fusion, appelé magma, remonte par des fissures depuis les profondeurs de la terre.

- **Laquelle fait partie d'un texte scientifique ? Quels mots te permettent de la reconnaître ?**

➜ Fiche 2

LIRE 2

- **Lis les documents suivants et relis le document 6 (page 48).**
- **À quoi servent-ils ?**
- **Relève tous les points communs entre ces quatre documents.**

A Comment le magma sort-il de la Terre ?

Matériel nécessaire pour réaliser l'expérience

- de la confiture de fraise
- de la purée
- une casserole
- une source de chaleur

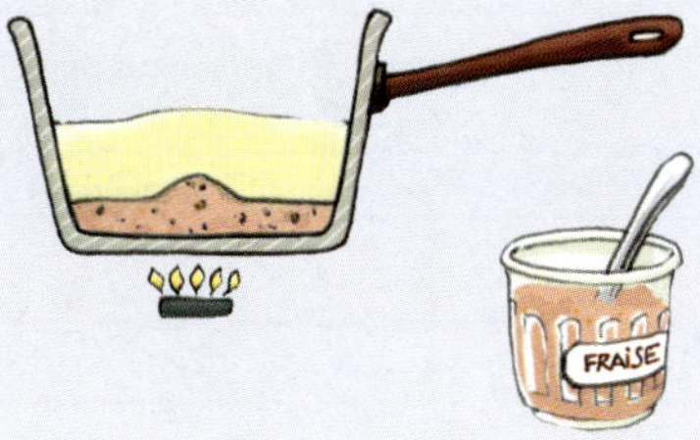

1 Place au fond d'une casserole 3 cuillerées de confiture de fraise et recouvre le tout d'une épaisse couche de purée.

2 Fais chauffer le mélange (en veillant à bien chauffer le centre de la casserole) et tu assisteras à une véritable éruption !
➜ Décris ce que tu remarques à toutes les étapes de « l'éruption ».

3 Mets le tout au congélateur.

4 Le lendemain, découpe la purée.
➜ Que constates-tu ?

Le cœur de la terre, « Les petits débrouillards » © Albin Michel Jeunesse

C À quelle vitesse coule la lave ?

Pour cette expérience, il te faut :

- 1 pot de miel liquide
- 1 cuillère à soupe
- 3 petites cuillères
- 3 coupelles
- 3 verres
- 1 sachet de décorations de pâtisserie
- 3 longues biscottes
- 1 montre avec trotteuse

1 Prends les coupelles et numérote-les 1, 2 et 3. Verse dans chacune une cuillerée à soupe de miel. Place la n° 3 au chaud.

2 Retourne les trois verres sur la table. Place ensuite les biscottes comme indiqué sur le dessin.

3 Une demi-heure plus tard, prends une petite cuillère de miel dans la coupelle n° 1. Verse-la en haut de la première biscotte. Chronomètre le temps qu'il met pour arriver en bas de la biscotte.

4 Prends une cuillerée de décoration de pâtisserie. Verse-la dans la coupelle n° 2. Mélange délicatement avec la deuxième petite cuillère.

5 Verse une cuillerée de ton mélange sur la deuxième biscotte. Chronomètre le temps mis par le miel pour atteindre le bas de la biscotte.

6 Maintenant, prends la troisième petite cuillère. Remplis-la avec le miel chaud de la coupelle n° 3 et procède comme tu l'as déjà fait avant.

	miel	miel et décorations	miel chaud
Distance parcourue en centimètres			
Temps en secondes			

Fiche 3

Texte de M. Beynié, *Images Doc*
© Bayard Jeunesse, 1998

ÉCRIRE 2

- **En séance de sciences, tu vas effectuer une expérience à propos des volcans. Avant cela, demande-toi ce qu'elle va montrer.**
- **Note tes hypothèses, sur ton cahier d'expériences ou sur une feuille de papier.**

OBSERVATION RÉFLÉCHIE DE LA LANGUE 2

- **Lis cet extrait du texte de Pline le Jeune :**

Car après s'être dressée à la manière d'un tronc fort allongé, elle déployait comme des rameaux, ayant été d'abord, je suppose, portée en haut par la colonne d'air au moment où elle avait pris naissance, puis cette colonne étant retombée, abandonnée à elle-même ou cédant à son propre poids, elle s'évanouissait.

- **Quels mots montrent que l'auteur n'est pas sûr de l'explication qu'il donne du phénomène observé ?**

➜ Fiche 4

DIRE 2

En réalisant l'expérience, tu as noté ce que tu observais.
- **À l'aide du document que tu as rédigé, présente à tes camarades l'expérience que tu as réalisée et ce qu'elle t'a appris.**

LIRE 3

1. **Observe le document ci-dessous et explique à quoi sert le texte intitulé « Que s'est-il passé ? ».**

Images Doc
© Bayard Jeunesse, 2004

2. **Compare ce texte avec celui que tu as élaboré pour décrire l'expérience que tu as réalisée.**

➜ Fiche 5

LIRE 4

1. **Observe le document suivant :**

Images Doc
© Bayard Jeunesse, 2004

2. **Lis attentivement et compare les deux textes figurant à la fin de ce document : l'encadré « Que s'est-il passé ? » et l'encadré « Et en vrai ».**

3. **Pourquoi le dernier texte est-il intitulé « Et en vrai » ?**

➜ Fiche 6

OBSERVATION RÉFLÉCHIE DE LA LANGUE 3

• **Lis ce texte. Il a été écrit par un observateur pendant la réalisation d'une expérience.**

L'expérience du volcan – purée

Une casserole à fond épais est placée par Hector et Lisa sur un réchaud. Trois cuillérées de confiture sont déposées par Antoine au fond de la casserole. Ensuite, de la purée épaisse est rajoutée par Fatiha.

Le réchaud est allumé par Antoine. La confiture remontant à la surface est observée par tous les élèves. Ce résultat est noté par Hector dans le carnet d'expérience de la classe.

1. **Relève le sujet de chaque verbe souligné.**

2. **Les sujets de ces verbes désignent-ils des éléments de l'expérience ou des élèves qui agissent ?**

➜ Fiche 7

DIRE 3

Pour mieux comprendre

- L'enregistrement que tu vas écouter est un exposé oral réalisé par Bruno, élève de CM1.
- Il présente des expériences qui expliquent le phénomène du volcanisme.

1. Écoute l'exposé de Bruno.
2. Lis le texte correspondant à ce que tu viens d'écouter :

L'exposé de Bruno

Le professeur : Aujourd'hui, nous allons écouter l'exposé de Bruno. Avec son groupe, il a réalisé une expérience et il va nous en parler. Bruno, c'est à toi.
Bruno : J'ai fait avec mon groupe une expérience, ou plutôt deux, qui permettent de montrer comment se passe une éruption volcanique.
D'abord, je vais vous expliquer comment nous avons réalisé les expériences. Pour que vous compreniez bien, je vous montrerai les schémas que nous avons faits. Ensuite, je vous dirai comment ça se passe pour les volcans.
Bon, d'abord la première expérience. En fait, comme vous le voyez sur le dessin, nous avons fait fondre des cachets d'aspirine dans une carafe d'eau. Il y a des bulles qui se sont formées, elles sont remontées à la surface et elles ont débordé. C'est ce qu'on a dessiné là, vous voyez, ça gicle hors de la carafe.
Après, nous avons fait une deuxième expérience. On a fait bouillir de la purée. Regardez là, sur ce dessin, et bien on a vu en quelque sorte des explosions de purée. Il fallait faire attention parce que de la purée était brûlante sur la main…
Qu'est-ce que ça nous explique sur les volcans ? Et ben, comment se passe une éruption volcanique. À l'intérieur de la chambre magmatique – vous voyez, cette sorte de poche que nous avons dessinée là –, eh bien, dans cette chambre magmatique, les différents éléments qui composent le magma se séparent. Les gaz forment des bulles qui remontent à la surface, en poussant le magma vers l'extérieur. En arrivant à la surface, les bulles éclatent.
Alors il y a deux cas : si le magma n'est pas trop visqueux, la lave jaillit du cratère et s'écoule sur les pentes, c'est ce qu'on appelle l'éruption effusive. C'est ce qui correspond à l'expérience de la carafe. Mais si le magma est très visqueux et bien là, les bulles de gaz ont beaucoup de mal à se libérer, la pression à l'intérieur des bulles monte et quand elles arrivent à l'air libre, elles éclatent très violemment en jetant le magma en lambeaux à des kilomètres du cratère. C'est ce qu'on appelle l'éruption explosive. Et c'est ce qui s'est passé quand on a fait bouillir de la purée.
Voilà, mon exposé est terminé. Si vous avez des questions, vous pouvez les poser.

3. Bruno est-il le seul à prendre la parole ?
- **Comment a-t-il organisé son exposé ?**

Fiche 8

OBSERVATION RÉFLÉCHIE DE LA LANGUE 4

1. Lis les phrases suivantes :

1) La lave est de la roche si chaude qu'elle est devenue liquide.

2) Le magma s'élève le long des zones de moindres résistances (les failles).

3) Le magma monte par les zones les plus fragiles : la cheminée du volcan.

2. Chacune de ces phrases explique un mot lié au volcanisme. Lequel ?

3. Comment l'auteur de ces phrases fait-il comprendre au lecteur qu'il donne l'explication d'un mot ?

➜ Fiche 9

OBSERVATION RÉFLÉCHIE DE LA LANGUE 5

1. Après avoir réalisé l'expérience décrite dans le document 6 (p. 48), Laura et Aïcha en ont chacune rédigé un compte rendu. Lis-les.

Explication rédigée par Aïcha

Quand on verse du vinaigre dans une bouteille contenant du bicarbonate de sodium et de la semoule, on provoque une réaction chimique. Le mélange forme des bulles qui remontent à la surface et débordent de la bouteille.

Explication rédigée par Laura

Quand nous avons versé le vinaigre dans la bouteille, nous avons vu une sorte de pâte mousseuse sortir de la bouteille et couler le long de la bouteille. C'est parce que quand le vinaigre s'est mélangé au bicarbonate de sodium, ça a provoqué une réaction chimique.

2. Compare ces deux textes d'élèves.

3. Relève les verbes dans chaque texte.
À quels temps ces verbes sont-ils conjugués ?
Tu peux t'aider du mémento.

➜ Fiche 10

SYNTHÈSE

Récapitule avec l'ensemble des élèves de ta classe ce que tu as appris dans cette unité.

➔ Fiche SYNTHÈSE

ÉCRIRE 3

• À partir de l'expérience réalisée, rédige une fiche synthèse pour décrire et expliquer le phénomène analysé en prenant soin :
– de présenter l'expérience,
– et d'expliquer son résultat.

DIRE 4

• Comme Bruno, présente cette expérience et ses conclusions.
Pour cela, utilise le document que tu viens de rédiger mais également, pour enrichir ton propos, ce que tu as appris tout au long de cette unité sur le phénomène du volcanisme.

OBSERVATION RÉFLÉCHIE DE LA LANGUE 6

Vérifie l'orthographe de ton texte à l'aide des outils qui sont à ta disposition : fiche synthèse de l'unité, mémento, dictionnaire, répertoire, affichages de classe...

Quelques expériences supplémentaires…

Mesurer la force des séismes

expérience SIMPLE

Les géologues qui étudient les tremblements de terre utilisent des appareils de mesure, les sismographes. Comment fonctionnent-ils ?

1 Le matériel

- 1 bouteille de jus de fruit en verre pleine
- 1 crayon
- 1 stylo-feutre
- 1 grosse gomme
- du ruban adhésif
- 1 feuille blanche
- 20 cm de fil à coudre

44

2 La manipulation

La manipulation est plus facile à deux.

1 Fabrique ton sismographe comme sur le dessin et pose-le sur une table. La pointe du feutre doit écrire sur le papier sans trop frotter sur lui.

2 Pendant que l'un de vous tire doucement la feuille bien droite, l'autre donne des coups secs sur la table, à plusieurs endroits.

Qu'observez-vous sur le papier ?

Le cœur de la terre, « Les petits débrouillards » © Albin Michel Jeunesse

Ça plie ou ça casse ?

expérience SIMPLE

Les séismes forgent des paysages spectaculaires, par exemple deux morceaux de chaussée décalés en hauteur. À quoi cela est-il dû ?

1 Le matériel

- 1 bouteille de boisson gazeuse en plastique lisse
- des ciseaux
- du sable fin
- de la farine
- de l'amidon de maïs (fleur de maïs)
- de l'eau

52

2 La manipulation

1 Découpe le haut de la bouteille puis coupe le bas en 2 sur toute la longueur.

2 Emboîte les 2 parties de bouteille, puis verse 1 couche de sable, mouille-la. Dépose 1 couche de farine que tu mouilles, puis 1 couche d'amidon de maïs, que tu mouilles aussi.

3 Attends 1 heure que les couches sèchent un peu. Puis pousse doucement les 2 parties de bouteille l'une dans l'autre en observant les couches.

4 Pousse les 2 parties l'une dans l'autre d'un coup sec.

Que font les couches ?

Le cœur de la terre, « Les petits débrouillards » © Albin Michel Jeunesse

Comment se déplace le tremblement de terre ?

Pour cette expérience, il te faut :

- 1 plateau
- 8 dominos

1. Fais cette expérience avant de prendre ton bain : dépose le plateau à plat sur l'eau, à une extrémité de la baignoire.

2. Place verticalement les quatre premiers dominos, comme sur le dessin.

3. Pose alors délicatement un deuxième domino sur les dominos déjà placés.

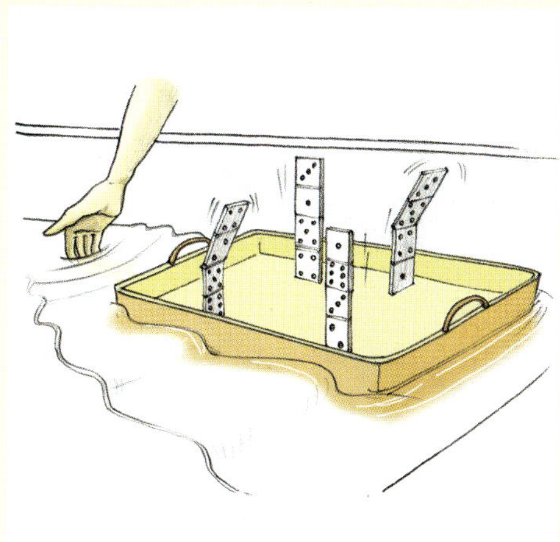

4. Trempe ta main dans l'eau et envoie de petites vagues vers le plateau.

Comment les roches se fracturent ?

Pour cette expérience, il te faut :

• 1 œuf dur écalé

1. Prends l'œuf dur dans tes mains, comme sur le dessin. Serre légèrement l'œuf dans ta main gauche.

Observe comment se comporte le blanc de l'œuf.

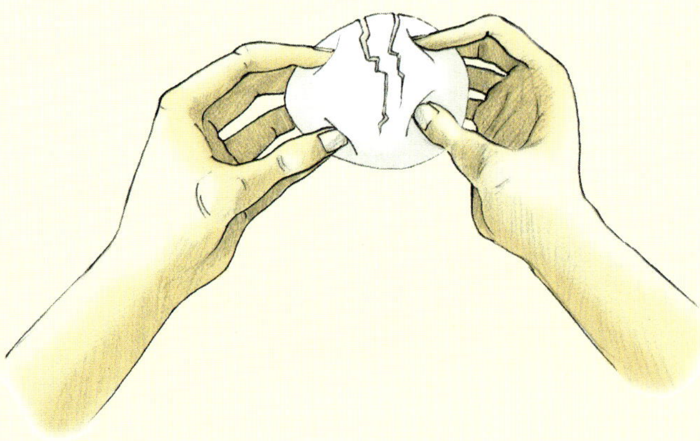

2. Maintenant, continue à serrer l'œuf, mais plus fortement… jusqu'à ce que le blanc de l'œuf se fracture.

LITTÉRATURE

HISTOIRES DE VIE

LIRE 1 - ÉCRIRE 1

Écoute la première partie du texte suivant puis lis la suite tout seul.

Les rafales de pluie fouettent le pare-brise, à tel point que, par moments, les essuie-glaces ne suivent plus. Bien qu'il soit à peine midi, le ciel bas, opaque, diffuse une clarté de crépuscule.

« Déjà, en temps normal, la banlieue, ce n'est pas drôle, ronchonne Maud. Mais alors, par ce temps... »

Elle s'est déjà perdue au moins trois fois dans l'enchevêtrement de petites rues toutes semblables. Et pas un panneau indicateur...

Coup d'œil inquiet sur sa montre.

« Le comble, ce serait que j'arrive après la fermeture ! »

L'idée lui est venue comme ça, d'un coup. Elle cherchait un cadeau pour le Noël d'Émilie. Or Émilie a tout : une armée de Barbies, des peluches à ne plus savoir qu'en faire, l'intégrale de Walt Disney en cassettes, des bouquins, des CD, des jeux vidéo... Et même – dernier cadeau de Luc – une play-station devant laquelle elle passe des heures à manipuler avec virtuosité des commandes auxquelles sa mère ne comprend rien. Normal : Maud a toujours été allergique aux écrans et aux p'tits boutons...

Bref, Émilie est une enfant gâtée. Luc compense son absence comme il peut. Il en a les moyens.

Maud soupire. Cette accumulation de jouets ne remplacera jamais les genoux d'un papa...

Émilie a changé, depuis le départ de son père. De rayonnant qu'il était, son petit visage a pris une gravité presque inquiétante. Elle ne pleure pas, ne se plaint pas, parle peu de son père, jamais d'*avant*. Simplement, elle ne sourit plus.

« Du grésil, maintenant... », grogne Maud en ralentissant, sa visibilité réduite à néant.

Avant... C'est vrai qu'ils étaient heureux, tous les trois ! Enfin, Maud le croyait, Émilie aussi.

Peut-être s'illusionnaient-elles ? Sait-on jamais ce qui se passe dans la tête de ceux qu'on côtoie le plus étroitement ?

Luc, lui, attendait sans doute autre chose de la vie. Il jouait la comédie du bonheur. C'était en apparence un mari et un père comblé ; en apparence seulement. Mais on ne peut pas éternellement donner le change, ni surtout se leurrer soi-même. Rencontrer Neila lui a ouvert les yeux. Il a tout quitté pour la suivre.

Elle habitait en Norvège ; il s'y est installé. Et Émilie a perdu le mode d'emploi du sourire.

« Ah ! Gennevilliers, enfin... Midi et quart, pourvu que ce soit encore ouvert ! »

La voiture s'engouffre dans la rue principale, suit la flèche « SPA », et, quelques minutes plus tard, stoppe devant un grand bâtiment gris, aux allures de caserne. Ouf, juste à temps ! Ils ne ferment qu'à midi et demi.

Maud franchit le portail au pas de course.

Et se retrouve en enfer.

Des cages, balayées par le vent glacé. Dedans, des bêtes hâves, trempées, tassées sur elles-mêmes, que l'arrivée de la visiteuse ranime soudain.

Assaillie de toutes parts par les aboiements, la jeune femme frissonne. Et regrette aussitôt d'être là.

Chouette idée, pourtant, d'offrir un chien à Émilie ! Et, par la même occasion, de redonner un foyer à un pauvre cabot qui n'a pas eu de chance...

Mais en préférant le refuge à l'animalerie – l'adoption à l'achat – Maud n'avait oublié qu'une chose : l'affrontement préalable avec l'abandon.

Dans chacune de ces cages, il y a une tragédie. Là, ce molosse aux yeux de loup, dressé pour l'attaque, que sa férocité a voué au rejet de ses maîtres... Et là, ce berger écumant qui se jette contre ses barreaux. « Sortez-moi d'ici, semble exiger sa plainte rauque, ou je me cogne jusqu'à ce que mort s'ensuive ! »... Et ce corniaud galeux qui gratte le sol avec frénésie, marquant le béton brut de longues traînées sanglantes... Et ce dogue boudeur, aussi immobile qu'une statue mais dont le regard hurle de peur...

Et ces autres, tous ces autres...

Premier réflexe de Maud : prendre ses jambes à son cou et s'enfuir. Puis elle se raisonne – « tout ce trajet pour rien ? » – et va trouver le gardien.

« Je cherche un chien de petite taille... »

Il tend l'index.

« Là, sous le hangar... mais dépêchez-vous, on ferme dans dix minutes. »

Sous le hangar règne une obscurité quasi totale. Le vent mugit dans les interstices de ses tôles disjointes. Pressée par le temps, Maud louvoie à grands pas entre les boxes, vides pour la plupart – il y a moins d'abandons de petits chiens que de gros ! –, lorsque soudain...

« Oh ! Qu'est-ce que c'est que ça ? »

« Ça », ce sont deux oreilles en ombre chinoise.

Deux papillons noirs largement déployés. Maud s'approche de la cage, s'accroupit. Et tente de percer la pénombre.

Roulé en boule sur la paille souillée, un animal grelotte. Minuscule, dirait-on.

Maud tapote le grillage.

« Petit, petit... »

Le chien ne bronche pas. Ces avances, pourtant porteuses d'espoir, ne l'arrachent ni à sa prostration ni à son silence.

La jeune femme se relève et retourne chercher le gardien.

«Pouvez-vous me montrer ce chien-là, s'il vous plaît ?»

Avec mauvaise grâce, l'homme s'exécute. C'est qu'il n'a pas envie de louper son déjeuner, lui ! Et si l'«affaire» se conclut, le temps de remplir tous les papiers, ça prendra bien jusqu'à treize heures !

Plongeant la main dans la pénombre, il en extirpe un petit corps gracile, merveilleusement proportionné, au pelage brun-roux.

«Oh, qu'il est mignon ! s'exclame Maud, ravie. On dirait un petit renard... ou un fennec !

– C'est un pinscher nain, rectifie le gardien. Et ne vous emballez pas trop vite : vous n'en avez vu que la moitié !»

Il lui empoigne la tête et la tourne.

«On le surnomme Gueule d'Amour !»

Maud a un mouvement de recul involontaire, et sent sa peau se hérisser de chair de poule.

«Mon Dieu, que lui est-il arrivé ?»

Le petit museau, si fin du côté droit, se change, du côté gauche, en une face de cauchemar. Plus de poils, mais un amas de cicatrices rosâtres, encore suintantes. Et – comble de l'horreur ! – une sorte de rictus démesuré découvrant la denture sur toute sa longueur.

« Électrocution, répond le gardien. Il a bouffé un fil électrique, la décharge lui a cramé les babines et la joue. Une chance encore que l'œil n'ait pas été atteint. C'est les éboueurs qui nous l'ont amené. Ses maîtres l'avaient jeté dans une poubelle...

– Quelle horreur !

– Comme vous dites ! On l'a opéré, soigné... mais le problème, c'est que personne n'en veut. On va être obligés de le piquer. Dommage, remarquez, il est jeune, il a le cœur solide...»

Maud avale sa salive.

«Le piquer ? Juste parce que...»

D'instinct, elle a porté la main à sa propre bouche.

«Eh oui, ma p'tite dame ! Y a déjà plus d'un mois qu'il est là, on ne peut pas les garder indéfiniment ! Et de toute façon, il se laisse dépérir. Ces toutous de luxe, ça a besoin d'être dorloté ! Alors, le froid, le manque de confort, la gamelle commune...»

Pris d'une inspiration subite, il lui tend l'animal qui tremble toujours autant. Par chance, c'est le bon côté qui est tourné vers elle. La face fennec, pas la face grand brûlé.

«Il est midi et demi. Je vous le laisse, le temps d'aller fermer la grille.»

Restée seule sous le hangar glacé, Maud détaille à nouveau, avec perplexité, le chien défiguré. Mais du bon côté, seulement. De l'autre, elle ne s'en sent pas le courage. Puis, plus par pitié que par envie, elle avance la main et frôle le poil soyeux.

Le tremblement du chien se communique à ses doigts. Il émet un léger, très léger couinement.

Impulsivement, la jeune femme ouvre son blouson, y fourre l'animal, et referme le zip.

« Je le prends ! » jette-t-elle au gardien qui revient.

C'est durant le trajet du retour qu'elle commence à flipper. Qu'est-ce qui lui a pris, sacré nom, d'aller s'encombrer de ce monstre ? Un gentil petit compagnon pour Émilie, ça ? Une vision d'épouvante, oui ! Une « gueule d'amour » digne de figurer dans les pires films gores ! Comme cadeau de Noël, franchement, c'est réussi !

« Il ne lui manque qu'un ruban rose pour compléter le tableau ! » pouffe-t-elle, au bord des larmes.

Contre elle, bien au chaud, Gueule d'Amour dort. Sans doute se sent-il bien pour la première fois depuis son accident ? Depuis que sa vie a basculé dans ce cumul d'horreurs à peine imaginables : la souffrance, l'abandon, le chenil...

« Fallait que ça tombe sur moi, évidemment ! soupire Maud. Comme si je n'avais pas assez de soucis... »

Quatre heures. Émilie rentre de l'école. En entendant tourner sa clé dans la serrure, Maud a le cœur qui bat. Voici venu le grand moment.

Le chien est lavé, brossé. Il a mangé et s'est approprié l'appartement à sa manière : en parcourant chaque pièce de long en large, la truffe au ras du sol. Lorsqu'elle l'a sorti de son blouson, Maud a eu l'impression de le mettre au monde. Gueule d'Amour est passé sans transition du bien-être de l'utérus de cuir à la lumière accueillante du salon...

Une naissance ; une renaissance, plutôt. Mais il est toujours aussi laid...

« Oh ! Un petit chien ! »

Gueule d'Amour gambade jusqu'à la fillette. Celle-ci lâche son cartable, se jette par terre, le saisit dans ses bras. Il jappe, elle l'étreint. Puis elle l'examine sous toutes les coutures. Et lui sourit.

Maud n'en croit pas ses yeux.

« Tu souris, Émilie ? »

Oui, Émilie sourit à son nouvel ami. Mais d'un seul côté, seulement. Le gauche. Un demi-sourire de presque bonheur.

Gudule, « Gueule d'Amour »
dans *Un bout de chemin ensemble et autres récits* © Hachette

- **Quelles sont tes premières impressions sur ce texte ?**

➜ Fiche 1

DIRE 1

- **Échange avec tes camarades à partir du travail effectué en LIRE 1 : sur quels points êtes-vous en débat ? Sur quels points êtes-vous d'accord ?**

➜ Fiche 1

LIRE 2

- **Relis *Gueule d'Amour* afin de faire la liste des personnages.**
- **Quel est le personnage principal ? Justifie ta réponse.**
- **Repère le décor de l'histoire.**

➜ Fiche 2

OBSERVATION RÉFLÉCHIE DE LA LANGUE 1

- **Relis ce passage de *Gueule d'Amour* :**

Émilie a changé, depuis le départ de son père. De rayonnant qu'il était, son petit visage a pris une gravité presque inquiétante. Elle ne pleure pas, ne se plaint pas, parle peu de son père, jamais d'*avant*. Simplement, elle ne sourit plus.
« Du grésil, maintenant… » grogne Maud en ralentissant, sa visibilité réduite à néant.
Avant… C'est vrai qu'ils étaient heureux, tous les trois ! Enfin, Maud le croyait, Émilie aussi.

- **Tous les événements racontés se passent-ils au même moment ? Comment le sais-tu ?**

➜ Fiche 3

ÉCRIRE 2

Relis cet extrait de *Gueule d'Amour* :

Dans chacune de ces cages, il y a une tragédie. Là, **ce molosse aux yeux de loup**, dressé pour l'attaque, que sa férocité a voué au rejet de ses maîtres… Et là, **ce berger écumant** qui se jette contre ses barreaux. « Sortez-moi d'ici, semble exiger sa plainte rauque, ou je me cogne jusqu'à ce que mort s'ensuive ! »… Et **ce corniaud galeux** qui gratte le sol avec frénésie, marquant le béton brut de longues traînées sanglantes… Et ce dogue boudeur, aussi immobile qu'une statue mais dont le regard hurle de peur…
Et ces autres, tous ces autres…

Tous les chiens recueillis à la S.P.A. ont une histoire, un passé. Gudule en dit quelques mots puis s'interrompt en finissant la phrase par des points de suspension.
Choisis l'un de ces chiens (ou un animal de ton choix) puis :
1) Recopie ou invente en une phrase son comportement ou son sentiment actuel.
2) Raconte son passé en commençant par « Avant ... ».

LIRE 3

Pour mieux comprendre le texte

- Voici le début d'un récit qui raconte une partie de la vie d'un jeune garçon.
- Le jeune garçon agit dans l'histoire : c'est donc un personnage.
- Ce jeune garçon raconte lui-même son histoire, c'est donc aussi le narrateur.

Le texte est écrit à la première personne : « je ».

- **Lis le texte.**

Le royaume de Kensuké

J'ai disparu la veille de l'anniversaire de mes douze ans. Le 28 juillet 1988. Aujourd'hui seulement, je peux enfin raconter toute cette histoire extraordinaire, la véritable histoire de ma disparition. Kensuké m'avait fait promettre de ne rien dire, rien du tout, jusqu'à ce que dix ans au moins se soient écoulés. C'était presque la dernière chose qu'il m'a dite. J'ai promis et j'ai dû vivre dans le mensonge. J'aurais pu laisser dormir les mensonges assoupis, mais plus de dix ans ont passé, maintenant. Je suis allé au lycée, à l'université et j'ai eu le temps de réfléchir. Je dois à ma famille et à mes amis, à tous ceux que j'ai trompés si longtemps, la vérité sur ma longue disparition, sur la façon dont j'ai survécu après avoir échappé de justesse à la mort.

Mais j'ai aussi une autre raison de parler, une raison bien meilleure. Kensuké était un grand homme, un homme bon, et il était mon ami. Je veux que le monde le connaisse comme je l'ai connu.

Jusqu'à onze ans environ, jusqu'à ce que la lettre arrive, je menais une vie ordinaire. Nous étions quatre à la maison : ma mère, mon père, Stella et moi. Stella Artois, c'est ma chienne, avec une oreille dressée et l'autre tombante, un berger noir et blanc qui avait toujours l'air de savoir à l'avance ce qui allait arriver. Mais même elle n'aurait pu prévoir qu'une lettre allait changer nos vies pour toujours.

En y repensant, il y avait une régularité, une certaine monotonie dans ma petite enfance. Je descendais la rue tous les matins pour me rendre à mon « école de singes ». C'est mon père qui l'appelait ainsi car il disait que les enfants piaillaient, criaient et se pendaient par les pieds dans la cage à écureuil de la cour de récréation. De toute façon, pour lui, j'étais toujours une «bille de singe», quand il était d'humeur plaisante, ce qui arrivait souvent. En réalité, l'école s'appelait St Joseph, et je m'y sentais plutôt bien. Après l'école, tous les jours, quel que soit le temps, j'allais jusqu'au terrain de jeux jouer au football avec Eddie Dodds, mon meilleur ami sur la Terre, ainsi qu'avec Matt, Bobbie et les autres. C'était un endroit assez boueux. Dès qu'on donnait un coup de pied dans le ballon, il retombait et s'enfonçait dans la boue. Nous avions notre propre équipe, les Mudlarks, c'était son nom, et nous étions plutôt bons. Les équipes en déplacement chez nous semblaient curieusement attendre que le ballon rebondisse, et le temps de réaliser qu'il n'en était rien, nous avions souvent marqué deux ou trois buts. Nous n'étions pas aussi performants quand nous jouions à l'extérieur.

Tous les week-ends, je faisais la distribution des journaux de la boutique de M. Patel, au coin de la rue. J'économisais de l'argent pour m'acheter un VTT. Je voulais aller faire du VTT dans la lande, avec Eddie. L'ennui, c'était que je dépensais au fur et à mesure tout ce que j'économisais. Et je n'ai pas changé.

Le dimanche était vraiment un jour spécial, je m'en souviens. Nous allions faire de la voile sur le lac artificiel, tous les quatre. Stella Artois aboyait de toutes ses forces contre les autres bateaux, comme s'ils n'avaient pas le droit d'être là. Mon père adorait la voile. Il disait que l'air était clair et propre, sans poussière de brique – il travaillait à la briqueterie. C'était un fou de bricolage. Il pouvait tout réparer, même ce qui n'avait aucun besoin de l'être. Aussi était-il dans son élément dans un bateau. Ma mère, qui travaillait à mi-temps dans la même fabrique de briques, était ravie, elle aussi. Je me souviens d'elle une fois, assise à la barre, rejetant la tête en arrière, dans le vent, et respirant à fond. «C'est comme ça, s'était-elle écriée, c'est comme ça que la vie doit être ! Magnifique, tout simplement magnifique ! » C'était toujours elle qui portait la casquette bleue. Elle était indiscutablement le capitaine. Dès qu'il y avait un peu de vent, elle le trouvait et savait le prendre. Elle avait vraiment du flair.

Nous avons passé de belles journées sur l'eau. Nous sortions par mauvais temps, quand personne d'autre n'osait, et nous planions sur les vagues, enivrés par la vitesse, transportés de joie. Quand il n'y avait pas un souffle de vent, nous n'étions pas malheureux non plus. Parfois, seul notre bateau se trouvait sur le lac. Nous restions simplement assis et nous pêchions – c'était d'ailleurs moi le meilleur – tandis que Stella Artois restait couchée en boule derrière nous dans le bateau, montrant son ennui, car il n'y avait personne contre qui aboyer.

Puis la lettre arriva. Stella Artois la déchiqueta à moitié; l'enveloppe était humide et montrait des marques de crocs, mais ce que l'on réussit à en lire nous suffit. La briqueterie allait fermer. Mes parents étaient tous les deux licenciés.

Il y eut un silence terrible ce matin-là, autour de la table du petit déjeuner. Ensuite, nous ne sommes plus jamais allés faire de voile le dimanche. Je n'ai pas eu besoin de demander pourquoi. Ils essayèrent tous les deux de trouver un autre travail, mais il n'y avait rien.

Michaël Morpurgo
dans *Le Royaume de Kensuké*

- **Quel est l'événement qui bouleverse la vie du narrateur et de sa famille ?**
- **Cet extrait évoque plusieurs périodes de la vie du narrateur : lesquelles ?**

➜ Fiches 4 et 5

LIRE 4 - OBSERVATION RÉFLÉCHIE DE LA LANGUE 2

- **Relis cet extrait de *Gueule d'Amour* :**

Les rafales de pluie fouettent le pare-brise, à tel point que, par moments, les essuie-glaces ne suivent plus. Bien qu'il soit à peine midi, le ciel bas, opaque, diffuse une clarté de crépuscule.
« Déjà, en temps normal, la banlieue, ce n'est pas drôle, ronchonne Maud. Mais alors, par ce temps... »
Elle s'est déjà perdue au moins trois fois dans l'enchevêtrement de petites rues toutes semblables. Et pas un panneau indicateur...

- **Rappelle-toi à quel moment de l'histoire se situe cet extrait.**
- **Si tu devais choisir une couleur pour exprimer le sentiment que t'inspire cet extrait, quelle couleur choisirais-tu ?**
- **Comment l'auteur crée-t-il une atmosphère ?**

➜ Fiches 6 et 7

ÉCRIRE 3

Dans ton écrit précédent, tu as choisi un animal et tu as raconté le passé que tu lui avais inventé.

- **Maintenant, reviens au présent et imagine que survienne un événement qui lui permette de sortir de sa situation actuelle et qui fasse basculer sa vie : une évasion ou un voyage.**

- **Comme Gudule, pense à choisir tes mots pour créer une atmosphère en fonction de ce que tu veux faire ressentir à ton lecteur.**

LIRE 5

Compare ces deux extraits de *Gueule d'Amour* :

◆ «Du grésil, maintenant…» grogne Maud en ralentissant, sa visibilité réduite à néant.
Avant… C'est vrai qu'ils étaient heureux, tous les trois! Enfin, Maud le croyait, Émilie aussi.
Peut-être s'illusionnaient-elles? Sait-on jamais ce qui se passe dans la tête de ceux qu'on côtoie le plus étroitement?

◆ «Fallait que ça tombe sur moi, évidemment! soupire Maud. Comme si je n'avais pas assez de soucis…»

- **Certaines phrases sont les paroles de Maud.**
Que représentent les autres phrases de l'extrait?

➜ Fiche 8

DIRE 2

- **Par groupe, vous allez jouer la scène de l'arrivée au refuge (texte pp. 61-62, lignes 45 à 87).**
Vous devrez choisir un moyen de faire comprendre aux spectateurs les pensées intérieures des personnages.
Mais attention! Les spectateurs doivent également comprendre que chaque personnage a des pensées intérieures que l'autre n'entend pas.

➜ Fiche 9

OBSERVATION RÉFLÉCHIE DE LA LANGUE 3

- **Relis cet extrait du *Royaume de Kensuké* en te demandant qui parle.**

Ma mère, qui travaillait à mi-temps dans la même fabrique de briques, était ravie, elle aussi.
Je me souviens d'elle une fois, assise à la barre, rejetant la tête en arrière, dans le vent, et respirant à fond. « C'est comme ça, s'était-elle écriée, c'est comme ça que la vie doit être ! Magnifique, tout simplement magnifique ! » C'était toujours elle qui portait la casquette bleue. Elle était indiscutablement le capitaine.

➔ Fiche 10

LIRE 6

- **Lis le texte.**

Chien le chien

En réalité, Chien-le-chien n'était pas du tout perdu, il s'était enfui d'un chenil trois semaines plus tôt parce qu'il avait décidé que c'était lui qui choisirait son maître et non le contraire.
Quand la vieille dame l'avait recueilli en le croyant perdu, il errait en ville et il s'était laissé faire. L'hiver approchait. Il pensa qu'un peu de confort dans un

appartement douillet ne pouvait pas lui faire de mal. La vieille Michèle l'avait baptisé Rodolphe. Chien-le-chien avait fait semblant d'apprécier ce nom débile, et, depuis, répondait chaque fois qu'elle lançait : « Ici Rodolphe ! », ordonnait: « Couché le Rodolphounet à sa maman ! » ou susurrait : « Viens voir ta Mimi, mon Roro ! » Ces petits mots à la guimauve semblaient faire plaisir à son hôte et Chien-le-chien n'était pas très orgueilleux.

Il n'avait pas non plus jappé de dégoût lorsqu'elle avait installé ce coussin horrible dans son panier au salon. Un truc immonde, en tissu écossais, et auquel Michèle avait pris soin de coudre des franges vertes et rouges qui lui grattaient le derrière quand il le posait dessus.

Des franges partout autour de ce machin carré et des pompons pour les angles... une horreur ! Mais elle avait mis tant de plaisir et de cœur pour tresser ses abominables franges, pour confectionner les quatre pompons hideux... Chien-le-chien avait fait mine d'aimer le coussin. C'était tout de même elle qui lui donnait à manger. Il n'allait pas faire une scène pour si peu.

Pourtant, au sujet des repas aussi, il y avait à redire ! Quand Chien-le-chien rêvait d'une bonne tranche de jambonneau, d'un bel os de côte de bœuf à déguster, la vieille Michèle préférait faire rissoler des mélanges de légumes infâmes, préparer des purées de brocolis infectes, des gratins de choux de Bruxelles immangeables, tout cela sous prétexte qu'elle était végétarienne ! Heureusement, durant leurs promenades au parc, Chien-le-chien profitait toujours des siestes de sa maîtresse, pour filer courser les piafs du côté de l'étang ou plonger son museau dans les poubelles du quartier.

Il n'aimait pas cette vieille dame et, depuis un moment, il pensait qu'il était peut-être temps pour lui d'aller aboyer ailleurs. Elle non plus, il le sentait, elle ne l'aimait pas vraiment.

Si elle l'avait recueilli parce qu'elle le pensait perdu, Michèle lui avait ouvert sa porte pour d'autres raisons. Elle n'avait ni mari ni enfant. Grâce à lui, elle se sentait moins seule. Dorénavant elle avait sous la main quelqu'un à qui parler et à qui donner des ordres. Et puis, grâce à lui, au parc, elle pouvait plus facilement engager la conversation avec les promeneurs, parfois même se lier d'amitié avec d'autres retraités traînant au bout de leurs laisses des cabots idiots qui n'avaient jamais rien à japper d'intéressant.

Hubert Ben Kemoun
dans *Chien le chien* © éd. Thierry Magnier

- **Que penses-tu de cette histoire d'adoption ?**

➜ Fiche 11

Pour mieux comprendre le texte

- Voici un court extrait du roman de Daniel Pennac intitulé *L'Œil du loup*.
- Dans un zoo, un enfant observe un loup pendant des jours et des jours, jusqu'au moment où leurs regards se croisent…

L'Œil du loup

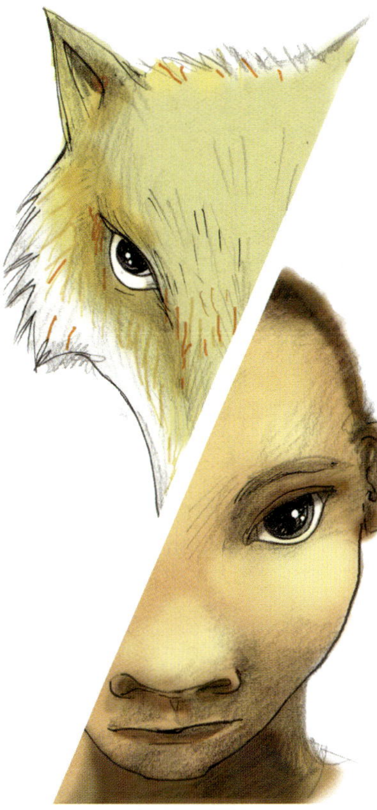

Un œil jaune, tout rond, avec, bien au centre, une pupille noire. Un œil qui ne cligne jamais. C'est tout à fait comme si le garçon regardait une bougie allumée dans la nuit ; il ne voit plus que cet œil : les arbres, le zoo, l'enclos, tout a disparu. Il ne reste qu'une seule chose : l'œil du loup. Et l'œil devient de plus en plus gros, de plus en plus rond, comme une lune rousse dans un ciel vide, avec, en son milieu, une pupille de plus en plus noire, et des petites taches de couleurs différentes qui apparaissent dans le jaune brun de l'iris, ici une tache bleue (bleue comme l'eau gelée sous le ciel), là un éclair d'or, brillant comme une paillette.

Mais le plus important, c'est la pupille. La pupille noire !

– Tu as voulu me regarder, et bien, regarde-moi !

Voilà ce que semble dire la pupille. Elle brille d'un éclat terrible. On dirait une flamme.

« C'est ça, pense le garçon : une *flamme noire* ! »

Et le voilà qui répond :

– D'accord, Flamme Noire, je te regarde, je n'ai pas peur.

La pupille a beau grossir, envahir l'œil tout entier, brûler comme un véritable incendie, le garçon ne détourne pas son regard.

Daniel Pennac
dans *L'Œil du loup* © Nathan

- **L'animal que tu as choisi va maintenant faire une rencontre. Il croise le chemin d'un enfant, ils échangent un regard, le temps s'arrête un instant, comme dans l'extrait de *l'Œil du loup*.**

Imagine puis rédige :
– les pensées de l'animal,
– les pensées de l'enfant.

OBSERVATION RÉFLÉCHIE DE LA LANGUE 4

- **Relis cet extrait de *Gueule d'Amour* :**

C'est durant le trajet du retour qu'elle commence à flipper. Qu'est-ce qui lui a pris, sacré nom, de s'encombrer de **ce monstre** ? **Un gentil petit compagnon pour Émilie**, ça ? **Une vision d'épouvante**, oui ! Une «gueule d'amour» digne de figurer dans les pires films gores ! Comme cadeau de Noël, franchement, c'est réussi ! «Il ne lui manque qu'un ruban rose pour compléter le tableau ! » pouffe-t-elle, au bord des larmes.
Contre elle, bien au chaud, **Gueule d'Amour** dort.

- **Les groupes du nom en gras désignent-ils le même individu ?**
- **Pourquoi ces groupes du nom sont-ils différents ?**

➜ Fiche 12

SYNTHÈSE

Récapitule avec l'ensemble des élèves de ta classe ce que tu as appris dans cette unité.

➜ Fiche SYNTHÈSE

ÉCRIRE 5

- **En t'aidant des textes que tu as déjà réalisés, écris maintenant l'histoire complète de ton personnage. Pour cela :**
– vérifie que le personnage de départ (l'animal) est bien présent du début à la fin. Il est le fil conducteur de ton histoire ;
– pense à construire un décor en accord avec les sentiments de l'animal aux différentes étapes de l'histoire.

- **Tu peux bien sûr ajouter des éléments nouveaux ou ne pas te servir de tout ce que tu as déjà écrit.**

DIRE 3

- **Comme le font parfois les écrivains, lis ton texte à un public.**
- **Discutez sur tes choix littéraires, sur les effets que tu as voulu produire, la façon que tu as choisie de faire parler – penser tes personnages.**

OBSERVATION RÉFLÉCHIE DE LA LANGUE 5

Révise l'orthographe de ton texte à l'aide des outils qui sont à ta disposition : fiche synthèse de l'unité, mémento, dictionnaire, répertoire, affichages de classe....

GÉOGRAPHIE

LES PAYSAGES FRANÇAIS

DIRE 1

- Parmi les cinq photos présentées ci-dessous, choisis celle du lieu où tu aimerais vivre.
- Échange avec tes camarades sur les raisons de ton choix.

1

2

3

4

5

ÉCRIRE 1

- Rédige quelques lignes pour situer ce lieu et le présenter.
- Compare ton écrit à celui de tes camarades qui ont effectué le même choix que toi.

→ Fiche 1

LIRE 1

• **Dans le cadre d'un travail de groupe, lis et compare les documents A à D (type d'écrit, origine, contenu, fonction).**

A

Découvrir Rhône-Alpes

Une envergure européenne

Deuxième région française, Rhône-Alpes se classe parmi les plus grandes régions européennes.
Avec 43 700 km² de superficie, elle se mesure à la Suisse, aux Pays-Bas et à la Belgique.
Une population de 5,65 millions d'habitants la rend également comparable au Danemark et à la Finlande.
Limitrophe de pays et de régions fortement industrialisés tels que la Suisse et l'Italie du Nord, Rhône-Alpes bénéficie d'une situation centrale en Europe.

Une population jeune et dynamique

La région Rhône-Alpes regroupe près de 10 % de la population française dans 3 000 communes et 8 départements : l'Ain, l'Ardèche, la Drôme, l'Isère, la Loire, le Rhône, la Savoie et la Haute-Savoie.

Un espace équilibré

Rhône-Alpes bénéficie d'une armature urbaine dense* : Lyon, la capitale rhônalpine, est la deuxième agglomération française avec 1 600 000 habitants.
De plus, on trouve en Rhône-Alpes deux ensembles urbains de plus de 300 000 habitants : Grenoble et Saint-Étienne.

Des transports efficaces

Une solide infrastructure* de transports permet de relier les agglomérations importantes de Rhône-Alpes non seulement entre elles mais aussi aux grandes métropoles* européennes.

Ce réseau est composé :
– de voies navigables : le Rhône permet les échanges entre le Nord et le Sud ;
– d'un réseau routier important : 30 000 km de routes et 1 300 km d'autoroutes ;
– d'un réseau aérien efficace ;
– de liaisons ferroviaires* fonctionnelles, grâce au TGV et au TGV Méditerranée.

D'après un dépliant de présentation de la région Rhône-Alpes.

* **une armature urbaine dense :** de nombreuses villes.
* **une infrastructure :** un ensemble des constructions (routes, voies ferrées…).
* **une métropole européenne :** une capitale européenne.
* **des liaisons ferroviaires fonctionnelles :** de nombreuses voies ferrées.

B Paris et l'Île-de-France

Dossier

1. **L'entrée du palais de l'Élysée, rue du Faubourg-Saint-Honoré, à Paris.**
• Le président de la République, les députés, les sénateurs, les ministres siègent à Paris.

2. **La Bibliothèque nationale de France, dans le treizième arrondissement, sur la rive gauche de la Seine, ouverte au public en 1997.**

3. **Le quartier de bureaux de la Défense dans la banlieue ouest de Paris.**

• Paris est aussi une capitale intellectuelle, avec ses laboratoires, ses universités, ses musées, ses bibliothèques, ses salles de spectacles.
• La région Île-de-France est celle qui accueille le plus de touristes au monde. Les réseaux de transport (trains, routes, avions) convergent vers Paris, donnant à celle-ci une place centrale dans l'organisation de l'espace français.
• La région Île-de-France est la première région française par le nombre d'habitants et par l'importance de ses activités économiques, politiques et culturelles.
• À l'intérieur de la région, le contraste est grand entre Paris et les départements périphériques de banlieue.

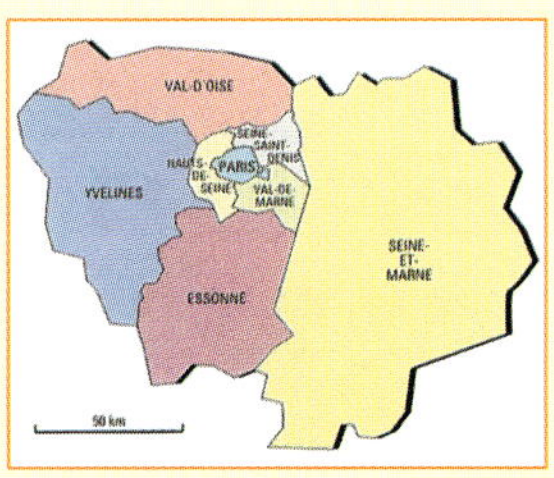

4. **Ces huit départements composent l'Île-de-France.**

CONSEIL REGIONAL
ILE-DE-FRANCE

5. **Le logo de la région Île-de-France.**

	Départements	Population	Habitants au kilomètre carré	Croissance de la population
Paris	Paris	2 156 000	20 000	Baisse légère
Petite couronne	Hauts-de-Seine Seine-Saint-Denis Val-de-Marne	4 050 000	6 000	Hausse légère
Grande couronne	Essonne Seine-et-Marne Yvelines Val-d'Oise	4 698 000	400	Forte hausse

6. **Les couronnes de la région Île-de-France.**

➤ Paris est une des plus grandes métropoles européennes. Il y a un peu plus de 2 millions d'habitants dans les vingt arrondissements parisiens.

➤ 11 000 000 d'habitants vivent dans les huit départements de la région Île-de-France (plus d'1 Français sur 6).

7. **Champeaux, en Seine-et-Marne.**

C

Saint-Barthélemy

Recette pour un rare plaisir :

• Prenez une petite île volcanique bordée de plages, qui a sué sang et eau sous le soleil tropical pendant des millions d'années.
• Ajoutez-y un zeste d'aventuriers marins d'origine française à la poursuite d'une vie nouvelle, pleine de promesses.
• Laissez mijoter le tout pendant quatre cents ans.
• Montez la pression et ajoutez des villas luxueuses, des petits hôtels raffinés* et des restaurants français de classe internationale.
• Arrosez cette préparation d'un mélange de détente, de loisirs élégants et de charme rustique.
• Servez.

St Barthélemy, French West Indies

* **raffiné :** luxueux.

D

Le mordant parfum des plantes aromatiques dont l'île est couverte emplissait l'air, semblait l'alourdir, le rendre palpable* ; et la route allait, s'élevant lentement, au milieu des grands replis des monts escarpés. [...]
Après avoir traversé Piana, je pénétrai soudain dans une fantastique forêt de granite rose, une forêt de pics, de colonnes, de figures surprenantes, rongées par le temps, par la pluie, par les vents, par l'écume salée de la mer.
Ces étranges rochers, hauts parfois de cent mètres, minces comme des obélisques, coiffés comme des champignons, ou découpés comme des plantes [...] formaient un immense labyrinthe de formes invraisemblables, rougeâtres ou grises avec des tons bleus. On y distinguait des lions accroupis, [...] des diables effrayants, des oiseaux démesurés, [...] toute la ménagerie fantastique du rêve humain qui nous hante en nos cauchemars.

Guy de Maupassant
dans *Histoire corse*

* **palpable :** que l'on sent au toucher.

Fiche 2

LIRE 2 - OBSERVATION RÉFLÉCHIE DE LA LANGUE 1

- **Relis cet extrait du texte A.**

Deuxième région française, Rhône-Alpes se classe parmi les plus grandes régions européennes.
Avec 43 700 km^2 de superficie, elle se mesure à la Suisse, aux Pays-Bas et à la Belgique.
Une population de 5,65 millions d'habitants la rend également comparable au Danemark et à la Finlande.
Limitrophe de pays et de régions fortement industrialisés tels que la Suisse et l'Italie du Nord, Rhône-Alpes bénéficie d'une situation centrale en Europe.

- **Quelle est la fonction de ce texte ?**

- **Relève tous les mots ou expressions qui apportent une information sur la région Rhône-Alpes.**

→ Fiche 3

LIRE 3

- **Observe attentivement les trois documents E, F et G qui présentent la répartition de la population en France.**

E

Superficie, population et densité par région

Régions	Superficie en km^2	Population en millions
Île-de-France	12 011	10,822
Nord-Pas-de-Calais	12 318	3,974
Alsace	8 280	1,640
Provence-Alpes-Côte d'Azur	31 400	4,368
Rhône-Alpes	43 698	5,442
Basse-Normandie	12 414	1,390
Bretagne	27 209	2,816
Haute-Normandie	17 589	1,736
Lorraine	23 547	2,298
Pays-de-la-Loire	32 082	3,093
Picardie	19 399	1,834
Languedoc-Roussillon	27 376	2,161
Aquitaine	41 309	2,825
Franche-Comté	16 202	1,104
Poitou-Charentes	25 809	1,609
Centre	39 151	2,397
Midi-Pyrénées	45 3448	2,458
Champagne-Ardenne	25 606	1,348
Bourgogne	31 582	1,613
Auvergne	26 013	1,318
Limousin	16 942	0,720
Corse	8 680	0,251

Densité* de la population :

- Plus de 900 hab./km^2
- Plus de 300 hab./km^2
- Plus de 100 hab./km^2
- Plus de 50 hab./km^2
- Moins de 50 hab./km^2

* **la densité :** le nombre d'habitants au kilomètre carré.

F

Population par région

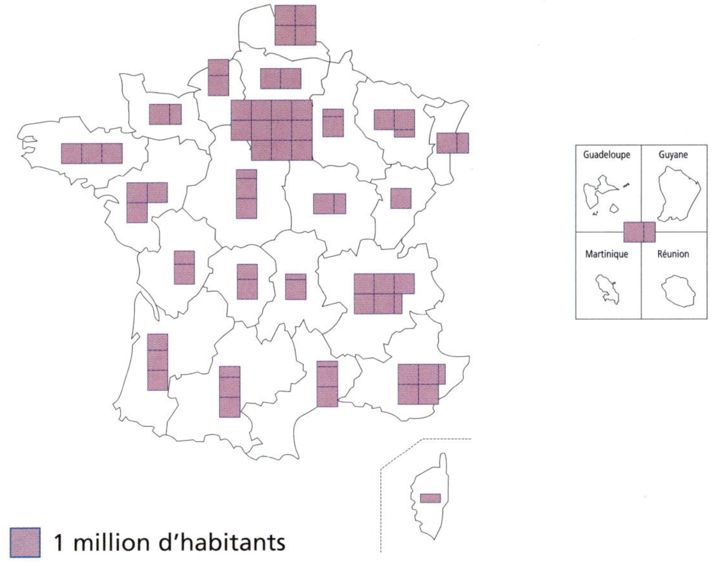

G

Diagramme en barre : la population de quelques régions

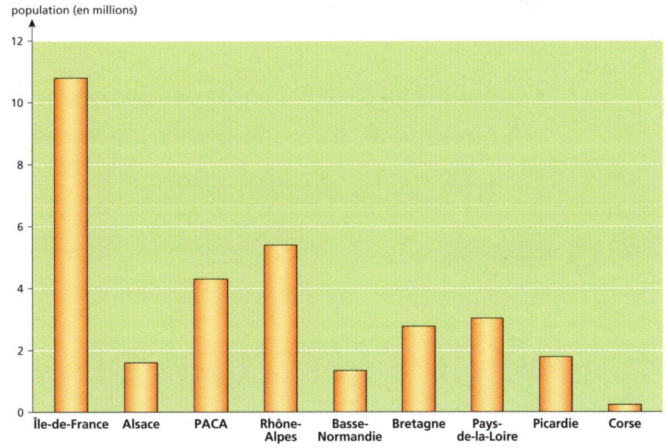

1. **Note sur une feuille ou sur ton cahier de brouillon :**
a) **la forme de chaque document ;**
b) **les informations données par chaque document.**

- **Qu'est-ce qui t'a permis de répondre ? Échange avec tes camarades.**

2. **Choisis, parmi les cinq titres suivants, celui qui convient le mieux à l'ensemble de ces trois documents :**

Les régions de France
La France en morceaux
La population française par région
La superficie des régions françaises
Les régions de France les plus peuplées

- **Compare avec tes camarades et justifie ta réponse.**

Fiche 4

OBSERVATION RÉFLÉCHIE DE LA LANGUE 2

Lis les deux textes suivants.

Texte 1

Troisième plus grande région de France, l'Aquitaine est faite d'une mosaïque de pays. Terre de grands espaces, ouverte sur le Golfe de Gascogne, elle a pour frontières naturelles l'océan Atlantique et la chaîne des Pyrénées. Cinq départements la composent, Dordogne, Gironde, Landes, Lot-et-Garonne et Pyrénées-Atlantiques. Dotés d'une personnalité forte, ils partagent un art de vivre authentique, un sens inné de la fête et de l'accueil, une histoire riche et passionnante.

L'Aquitaine, le sud autrement
extrait d'un dépliant touristique

Texte 2

Après avoir traversé Piana, je pénétrai soudain dans une fantastique forêt de granite rose, une forêt de pics, de colonnes, de figures surprenantes, rongées par le temps, par la pluie, par les vents, par l'écume salée de la mer.
Ces étranges rochers, hauts parfois de cent mètres, minces comme des obélisques, coiffés comme des champignons, ou découpés comme des plantes [...] formaient un immense labyrinthe de formes invraisemblables rougeâtres ou grises avec des tons bleus. On y distinguait des lions accroupis, [...] des diables effrayants, des oiseaux démesurés.

Guy de Maupassant
dans *Histoire corse*

- **À quel temps sont conjugués les verbes du texte 1 ?**
- **À quel temps sont conjugués les verbes du texte 2 ?**

Tu peux t'aider du mémento.

➜ Fiche 5

OBSERVATION RÉFLÉCHIE DE LA LANGUE 3

- **Compare ces deux phrases :**

Deuxième région française, Rhône-Alpes se classe parmi les plus grandes régions européennes.

Deuxième région de France, Rhône-Alpes se classe parmi les plus grandes régions d'Europe.

- **Que remarques-tu ?**

➜ Fiche 6

LIRE 4

Pour mieux comprendre les documents

La population qui travaille (la population active) se répartit dans trois secteurs d'activités :
– le secteur primaire : activités agricoles, pêche…
– le secteur secondaire : lié à l'industrie, il correspond aux activités de production et de transformation industrielles (usines, menuiserie…).
– le secteur tertiaire : les personnes travaillant dans le transport, les commerces, l'enseignement, l'armée, les banques, les assurances…

• **Observe les documents suivants et demande-toi de quoi ils parlent. Quels indices te permettent de le dire ?**

H

Les paysages agricoles

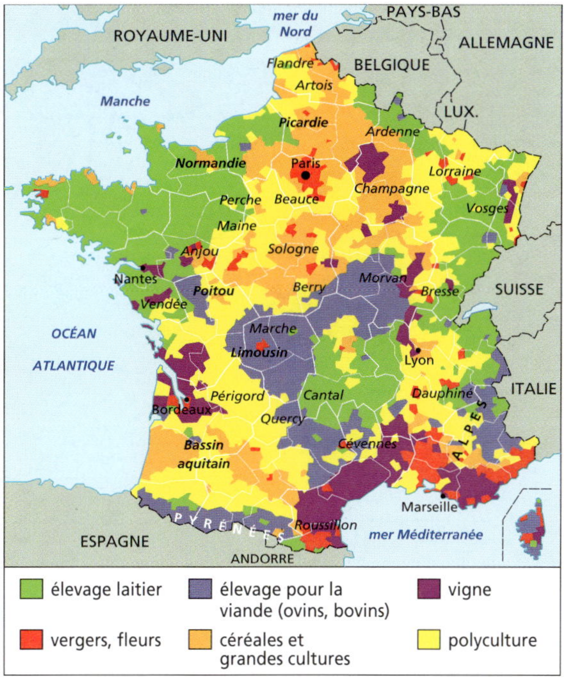

D'après *Atlas de la France*, éd. Magnard

I

Les secteurs d'activités

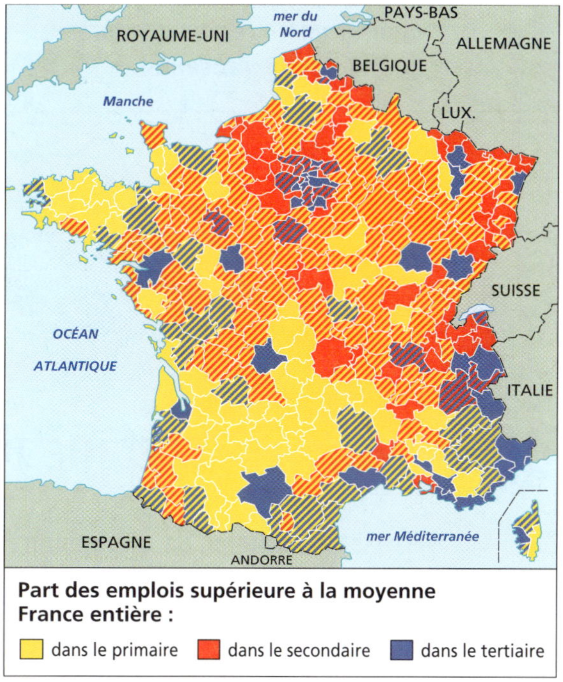

D'après *Atlas de la France*, éd. Magnard

J

Le relief

K

Autoroutes et TGV

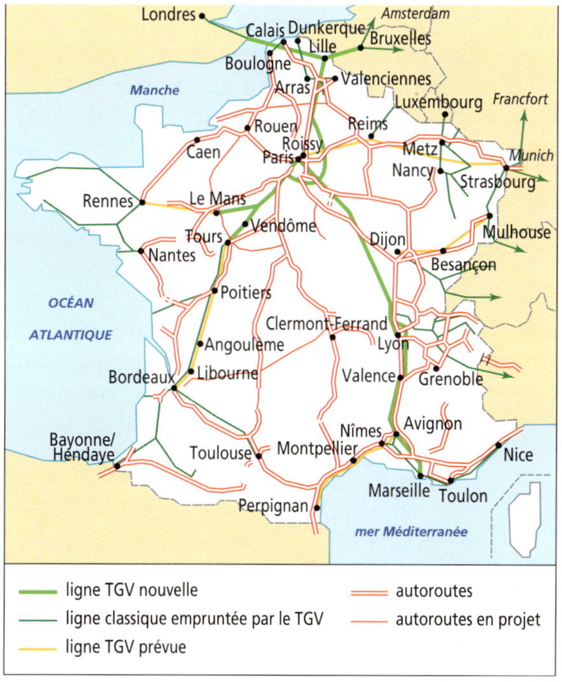

Fiche 7

DIRE 2

- **Explique à l'ensemble de ta classe en quoi ces documents sont utiles pour caractériser une région.**

- **Dans le cadre d'un travail de groupe, choisis une « région mystère » que tu devras présenter.**

OBSERVATION RÉFLÉCHIE DE LA LANGUE 4

1. **Lis ces articles de dictionnaire.**

2. **Pour chaque, retrouve la définition qui s'applique aux mots de la géographie.**

Région n. f. **1.** Étendue de pays qui doit son unité à des causes naturelles (climat, végétation, relief) ou humaines (peuplement, économie, structures politiques ou administratives, etc.) **2.** (avec une majuscule) En France, collectivité territoriale dont l'organe exécutif est le président du conseil régional (22 Régions en métropole et 4 Régions outre-mer) [...] **3.** Zone, partie du corps. *La région lombaire, pectorale.*

Département n. m. **1.** Collectivité territoriale administrée par le conseil général et circonscription administrative dirigée par le préfet. *Départements d'outre-mer* (D.O.M) : la Guyane, la Réunion, la Martinique et la Guadeloupe. **2.** Chacune des administrations du gouvernement d'un État, des branches spécialisées d'une administration. *Département des antiquités du Louvre.*

Capitale n. f. **1.** Ville où siège le gouvernement d'un État [...] **2.** IMPR. Lettre majuscule. *Composer un titre en lettres capitales.*

Population n. f. **1.** Ensemble des habitants d'un espace déterminé. [...] **2.** Ensemble des animaux ou des végétaux de même espèce vivant sur un territoire déterminé.

Relief n. m. **1.** Ce qui fait saillie sur une surface. *Le relief d'une médaille.* **2.** Ensemble des inégalités de la surface terrestre, de celle d'un pays, d'une région. *Le relief de la France.* **3.** Sculpture dans laquelle le motif se détache en saillie plus ou moins forte sur un fond. **4.** Éclat qui naît de l'opposition, du contraste. *Mettre en relief* : faire ressortir, mettre en évidence.

Superficie n. f. **1.** Mesure de l'étendue, de la surface, [...] d'un terrain déterminé. **2.** LITT. Aspect superficiel, apparent. *Ne voir que la superficie des choses.*

Densité n. f. **1.** Caractère de ce qui est dense. **2.** PHYS. Rapport de la masse d'un certain volume d'un corps à celle du même volume d'eau (ou d'air, pour les gaz). **3.** PHOT. Valeur de gris d'un phototype. **4.** GÉOGR. Densité de population : nombre d'habitants au kilomètre carré.

➜ Fiche 8

D'après le *Petit Larousse illustré*

SYNTHÈSE

Récapitule avec l'ensemble des élèves de ta classe ce que tu as appris dans cette unité.

➔ Fiche SYNTHÈSE

LIRE 5 - ÉCRIRE 2

Compare le document ci-dessous à celui que tu as élaboré avec ta classe.
Ce document peut-il te servir à réaliser ton projet d'écriture ? Justifie ta réponse.

Carte d'identité d'une région

Nom : ....

Logo :

Départements qui la composent : ....

Superficie : ....

Population : ....

Capitale régionale : ....

Relief, types de paysages : ....

Moyens de communication : ....

Principales activités économiques : ....

Photos de la région :

➔ Fiche 9

ÉCRIRE 3

• Avec les élèves de ton groupe, rédige la synthèse des informations recueillies sur la région que vous avez choisi de présenter.
Ce document pourra comporter titre, textes, tableaux, logo, photos, carte...

DIRE 3

• Préparez la présentation orale que vous allez effectuer pour finir l'unité.

OBSERVATION RÉFLÉCHIE DE LA LANGUE 5

Vérifie l'orthographe de ton texte en utilisant les outils qui sont à ta disposition : fiche synthèse de l'unité, mémento, dictionnaire, répertoire, affichages de classe...

DIRE 4

• Présentez à la classe les informations recueillies sur la région mystère choisie afin que vos camarades identifient cette région.

MATHÉMATIQUES

RÉSOLUTION DE PROBLÈMES

LIRE 1

M. et Mme Martin ont reçu une publicité pour le Futuroscope.
Ils décident d'y passer un week-end avec leurs deux enfants.

Pour mieux comprendre le document

Le Futuroscope est un parc d'attractions consacré aux techniques audiovisuelles (son et image) ; il est situé près de Poitiers.

Le séjour* Liberté	Le séjour Demi-Pension*	Le séjour 2 jours / 2 nuits
Jour 1 • le billet d'entrée au Parc du Futuroscope • la nuit à l'hôtel **Jour 2** • le petit déjeuner servi à l'hôtel • le billet d'entrée au Parc du Futuroscope	**Jour 1** • le billet d'entrée au Parc du Futuroscope • le dîner : à l'hôtel ou sur le Parc (à choisir lors de la réservation, selon disponibilités) • la nuit à l'hôtel **Jour 2** • le petit déjeuner servi à l'hôtel • le billet d'entrée au Parc du Futuroscope	**Jour 1** • le billet d'entrée au Parc du Futuroscope • la nuit à l'hôtel **Jour 2** • le petit déjeuner servi à l'hôtel • le billet d'entrée au Parc du Futuroscope • la nuit à l'hôtel **Jour 3** • le petit déjeuner servi à l'hôtel ou **Jour 1** • la nuit à l'hôtel **Jour 2** • le petit déjeuner servi à l'hôtel • le billet d'entrée au Parc du Futuroscope • la nuit à l'hôtel **Jour 3** • le petit déjeuner servi à l'hôtel • la visite libre du Futuroscope
Un séjour en toute liberté à partir de 79 €	*Le confort d'une formule avec dîner à partir de 93 €*	*Pour profiter au maximum du Parc selon son rythme et ses envies à partir de 107 €*

FORMULE TRIBU
Pendant toute la saison, profitez des séjours avec une économie pour votre tribu ! – 4 € par adulte et – 2 € par jeune (5 à 16 ans inclus) à partir de 8 personnes.

* **un séjour** : le temps pendant lequel on demeure dans un lieu.
* **une demi-pension** : 2 repas pris à l'hôtel (matin et midi, ou matin et soir).

1. Quelles informations donne ce document ?

2. Quelles questions M. et Mme Martin peuvent-ils se poser en lisant ce document ? (Souviens-toi : ils ont décidé de passer un week-end au Futuroscope avec leurs deux enfants.)

3. La classe peut-elle aider M. et Mme Martin à répondre à certaines questions ? Si oui, fais la liste de ces questions.

➔ Fiche 1

DIRE 1 - ÉCRIRE 1

- **Lis les deux textes.**

Sur un bateau, il y a 26 moutons et 10 chèvres.

Quel est l'âge du capitaine ?

réponse :
26 + 10 = 36
le capitaine a 36 ans.

Un capitaine a 20 ans de carrière. Il a commencé à travailler à l'âge de 16 ans.

Quel est l'âge du capitaine ?

réponse :
20 + 16 = 36
le capitaine a 36 ans.

- **Compare ces deux énoncés de problèmes ainsi que leur résolution.**
- **Échange avec tes camarades.**

- **À partir des conclusions de cet échange, récris la partie du problème qui ne convient pas.**

LIRE 2

1. Lis les énoncés de problèmes mathématiques ci-dessous (ils sont extraits de fichiers ou de manuels de CM1) en te demandant :
– qui les a rédigés,
– ce qui, pour toi, est difficile dans la lecture d'un problème,
– pourquoi les élèves doivent-ils résoudre de tels problèmes ?

2. Compare leur présentation.

1

Parmi ces rois de France, lequel a régné le plus longtemps ?

Philippe Auguste, roi de 1180 à 1223,
Louis IX, roi de 1226 à 1270,
Philippe le Bel, roi de 1285 à 1314,
Charles VII, roi de 1422 à 1461,
Louis XI, roi de 1461 à 1483,
Henri IV, roi de 1589 à 1610,
Louis XIII, roi de 1610 à 1643,
Louis XIV, roi de 1643 à 1715.

Place aux Maths ! CM1

2

À la foire aux timbres

a. Un marchand de timbres a 5 200 timbres.
À la foire aux timbres, il achète 15 pochettes de 50 timbres et vend 36 pochettes de 40.
Combien de timbres possède-t-il après la foire ?

b. Un collectionneur de timbres avait déjà 3425 timbres. À la foire aux timbres, il donne 21 pochettes de 35 timbres à ses amis qui lui offrent en échange 17 pochettes de 51 timbres.
Combien de timbres possède-t-il après la foire ?

Le nouveau Math élém. CM1

3

Le périmètre d'un carré est de 108 cm.
Quelle est la longueur d'un côté ?

J'apprends les maths CM1

4

Des enfants se promènent…

Pour le goûter, ils ont 24 biscuits à se partager. Au moment du partage, chacun d'eux en a 6 et il ne reste plus rien dans le panier.

Combien d'enfants y a-t-il lors de cette promenade ?

Diagonale CM1

5

Range ces quatre enfants du plus jeune au plus âgé :

Anna est plus âgée que Caroline.
Frédéric est plus jeune qu'Anna.
Tristan est plus âgé que Caroline et plus jeune que Frédéric.

J'apprends les maths CM1

6

Au rugby, on peut gagner des points de trois manières :
– l'essai qui rapporte 5 points,
– l'essai transformé qui rapporte 7 points,
– le drop ou la pénalité qui rapportent 3 points.

Trouve plusieurs façons de marquer un total de 211 points.

J'apprends les maths CM1
© Retz

7

Combien d'albums Zoé peut-elle remplir avec 248 timbres, sachant qu'un album contient 50 timbres ?

Place aux maths ! CM1
© Bordas

8

1 Le 1er septembre 2005, un directeur d'école a réalisé ce graphique des dates de naissance des CM :

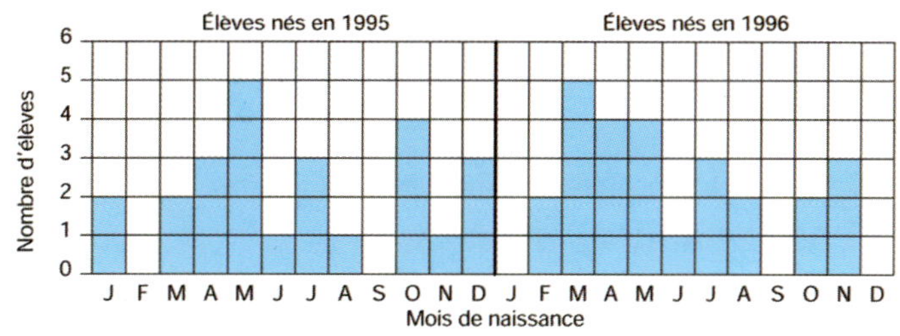

Réponds aux questions suivantes :

a *Combien d'élèves sont nés au mois de juillet en 1995 ?*
b *Quel est le mois de l'année 1995 où il y a eu le plus de naissances ?*
c *Quel est le mois de l'année 1996 où il y a eu le plus de naissances ?*
d *Combien d'élèves sont nés en 1995 ?*
e *Combien d'élèves sont nés en 1996 ?*
f *Combien y a-t-il d'élèves en tout dans les CM de cette école ?*
g *Quel est le mois pendant lequel on ne fêtera aucun anniversaire dans les classes de CM ?*
h *Combien fêtera-t-on d'anniversaires dans ces classes au mois de mars ?*
i *Quel est le mois où l'on fêtera le plus d'anniversaires ?*

J'apprends les maths CM1
© Retz

9

1 Trois enfants, Marc, Irène et Louis, voudraient aller au zoo ensemble. Ils ont vidé leur tirelire.
Que peuvent-ils faire ? Justifie tes réponses.

J'apprends les maths CM1
© Retz

➔ Fiches 2 et 3

DIRE 2

- **Relis cet énoncé de problème :**

> Combien d'albums Zoé peut-elle remplir avec 248 timbres, sachant qu'un album contient 50 timbres ?

1. **À partir de la lecture de cet énoncé, imagine-toi le problème de Zoé.**
2. **Utilise tes propres mots pour expliquer ce problème à un camarade.**

➜ Fiche 4

OBSERVATION RÉFLÉCHIE DE LA LANGUE 1

> Sami et Léa jouent aux billes.
> Au début de la partie, Sami a 151 billes. Léa en a 37 de moins que lui. Sami perd 13 billes.
>
> Combien de billes possède chaque enfant à la fin de la partie ?
>
> *Place aux maths ! CM1*
> © Bordas

> Sami et Léa jouent aux billes.
> Au début de la partie, Sami a 151 billes. Léa en a 37 de moins que lui. Sami perd 13 billes.
>
> Trouve le nombre de billes que possède chaque enfant à la fin de la partie.

- **Ces deux énoncés conduisent-ils au même résultat ?**
- **Relève ce qui les différencie ; comment appelle-t-on ces phrases ?**

➜ Fiche 5

OBSERVATION RÉFLÉCHIE DE LA LANGUE 2

> Basile et Pierre ont résolu le problème suivant :
>
> MOLIÈRE : Jean-Baptiste Poquelin dit Molière (1622-1673). Il était auteur de pièces de théâtre, directeur de la « Troupe du Roi » à Versailles sous Louis XIV.
>
> À partir de cette notice, peux-tu répondre à la question suivante : à quel âge est-il mort ?
>
> Basile a répondu : à 51 ans.
> Pierre a répondu : en 1673.

- **Basile a trouvé la bonne réponse. Explique pourquoi.**
- **Quels mots doit-on changer dans la question pour que la réponse de Pierre soit exacte ?**

➜ Fiche 6

LIRE 3

1. **Lis cet énoncé :**

> Sur un parking, il y a 25 voitures.
> Si on compte leurs roues, quel nombre doit-on trouver ?
>
> *J'apprends les maths CM1* © Retz

- **Y a-t-il une information qui ne figure pas dans cet énoncé et qui, cependant, est indispensable pour pouvoir répondre à la question posée ? Justifie ta réponse.**

2. **Dans les énoncés suivants, quels sont les mots (ou groupe de mots) dont tu dois connaître le sens pour pouvoir résoudre le problème ?**
- **Échange avec tes camarades.**

> Treize paires de chaussures, combien cela fait-il de chaussures ?
>
> *J'apprends les maths CM1* © Retz

> Sur une étagère de sa chambre, Charles veut ranger ses maquettes de la plus petite à la plus grande.
> Le bateau mesure 3 dm.
> La voiture est plus grande que le bateau.
> Le train mesure 27 cm.
> Le camion est plus petit que le train.
>
> *Comment Charles doit-il ranger ses maquettes ?*
>
> *J'apprends les maths CM1* © Retz

> Une fermière range 58 œufs dans des boîtes.
> Dans chaque boîte, elle met une demi-douzaine d'œufs.
>
> Combien de boîtes remplira-t-elle ? Restera-t-il des œufs ?

> Deux carrés identiques ont un périmètre de 80 cm.
> On les met côte à côte pour former un rectangle.
>
> Quel est le périmètre de ce rectangle ?
>
> *Le nouveau Math élem. CM1* © Belin

Théo part en vacances le dimanche 1er juillet.
Il revient huit semaines plus tard.

Donne la date de son retour.

Place aux Maths ! CM1 © Bordas

En moyenne, chaque Allemand consomme 10 kg de chocolat par an.

Les Français en consomment 3 kg et demi de moins.

Un Espagnol consomme seulement la moitié de ce que consomme un Allemand.

Un Irlandais consomme 4 kg de plus qu'un Espagnol.

La consommation d'un Grec est trois fois moins élevée que celle d'un Irlandais.

Quelle est la consommation de chocolat pour chaque habitant des pays cités dans ce texte ?

Cap Maths CM1 © Hatier

LIRE 4

- **Relève les ressemblances et les différences entre ces quatre énoncés.**

1	Combien d'albums Zoé peut-elle remplir avec 248 timbres, sachant qu'un album contient 50 timbres ?
2	Combien d'albums Arthur peut-il remplir avec 248 timbres, sachant qu'un album contient 50 timbres ?
3	Combien de boîtes Zoé peut-elle remplir avec 248 billes, sachant qu'une boîte contient 50 billes ?
4	Combien d'albums Zoé peut-elle remplir avec 196 timbres, sachant qu'un album contient 60 timbres ?

- **Pour résoudre ces problèmes, appliqueras-tu le même raisonnement (la même démarche de résolution) ?**

➜ Fiche 7

LIRE 5 - ÉCRIRE 2

• **Lis ce texte :**

Dimanche, les filles de l'équipe de basket des Marmottes ont battu celles de l'équipe des Chamois en finale du tournoi des cimes. En marquant 25 points de plus que leurs adversaires, elles ont pleinement satisfait les 325 spectateurs qui s'étaient déplacés malgré le prix des places fixé pour la circonstance à 12 €. Lucia, la capitaine de l'équipe des Marmottes, s'est exclamée à la fin du match : « Jamais nous n'aurions pensé marquer 67 points contre l'équipe des Chamois ! »

1. **Où peut-on trouver ce genre de texte ? Quel est le métier de celui qui l'a écrit ? Pourquoi l'a-t-il écrit ?**

2. **Donne un titre à ce texte.**

3. **À partir de ce texte, rédige un énoncé de problème mathématique.**

➡ Fiche 8

OBSERVATION RÉFLÉCHIE DE LA LANGUE 3

Quelle est la longueur d'un côté ?

Quel est l'âge du capitaine ?

Combien de boîtes remplira-t-elle ?

Combien d'enfants y a-t-il lors de cette promenade ?

Restera-t-il des œufs ?

Toutes ces questions sont extraites d'énoncés de problèmes mathématiques figurant dans ton manuel.

1. **Relève le verbe contenu dans chaque question. À quel temps celui-ci est-il conjugué ? Pourquoi ?**

2. **Retrouve le sujet de chaque verbe.**

➡ Fiche 9

ÉCRIRE 3

- **Lis le document ci-dessous.**

Pour comprendre le document

- Ce document présente des tarifs proposés par le Futuroscope à la date du 1er janvier 2005.
- Les billets datés sont des billets achetés pour réserver des places à des dates fixées à l'avance.

Vous souhaitez visiter le Parc à une date précise :

Les billets d'entrée datés 1 ou 2 jours
La visite datée donne un accès illimité et gratuit aux attractions•, Spectacle Nocturne*
« Le Miroir d'Uranie » inclus sur un ou deux jours consécutifs.

SAISON 2005
Billets d'entrée datés

	1 jour	2 jours (consécutifs*)
Adulte	31 €	58 €
Jeune (5 à 16 ans inclus)••	23 €	41 €

• Sauf pour certaines activités de Cyber Avenue et du Monde des Enfants, hors événements spéciaux et attraction Les Yeux Grands Fermés.
•• Les enfants de moins de 5 ans sont nos invités, leur restauration est à régler sur place.

* **nocturne** : qui a lieu la nuit.
* **2 jours consécutifs** : deux jours qui se suivent.

- **Avec ta classe, liste les informations qu'il contient.**
- **Choisis deux ou trois informations et organise-les pour construire un énoncé de problème mathématique, puis demande à un camarade de le résoudre. Tu devras inventer une histoire (un habillage) pour présenter le problème.**

➔ Fiche 10

DIRE 3

1 **Problème :** Frédéric et Jasmina font chacun une collection de boîtes d'allumettes du monde entier. Frédéric a 113 boîtes d'allumettes et Jasmina en a 345.

Combien de boîtes d'allumettes Jasmina a-t-elle de plus que Frédéric ?

Voici les solutions de Sébastien, Cécile et Mélanie.

Sébastien

$$\begin{array}{r} 1\,1\,3 \\ +\ 3\,4\,5 \\ \hline 4\,5\,8 \end{array}$$

Jasmina a 458 boîtes d'allumettes de plus que Frédéric.

Cécile

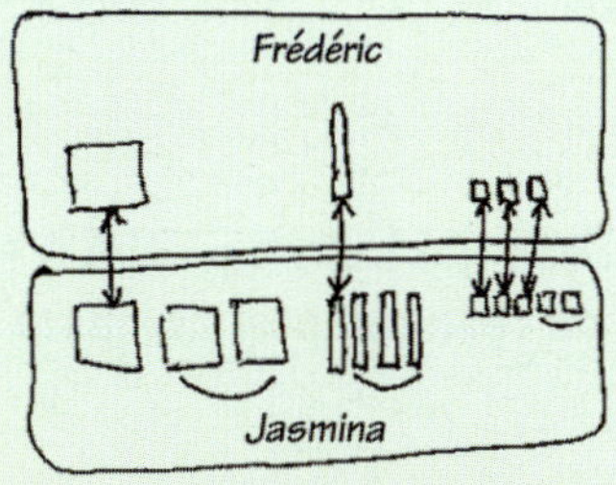

Jasmina a 232 boîtes d'allumettes de plus que Frédéric

Mélanie

$$\begin{array}{r} 3\,4\,5 \\ -\ 1\,1\,3 \\ \hline 2\,3\,2 \end{array}$$

Jasmina a 232 boîtes d'allumettes de plus que Frédéric

Quelle(s) solution(s) conviennent ? Pourquoi la ou les autres ne conviennent-elles pas ?

- **Compare le travail de ces trois élèves.**
- **Échange avec tes camarades sur la manière dont Mélanie, Cécile et Sébastien ont résolu le problème.**

SYNTHÈSE

Avec l'ensemble des élèves de ta classe, récapitule ce que tu as appris dans cette unité.

➔ Fiche SYNTHÈSE

ÉCRIRE 4

Pour participer au défi-mathématique organisé par la classe, rédige un énoncé de problème. Sers-toi de :
– tout ce que tu sais en mathématiques,
– tout ce que tu as appris sur les énoncés de problèmes dans cette unité.

DIRE 4

• Face au groupe d'élèves qui aura cherché à résoudre le problème que tu as proposé, explique ta démarche de résolution et compare avec celle proposée par tes camarades.

OBSERVATION RÉFLÉCHIE DE LA LANGUE 4

Révise l'orthographe de ton texte à l'aide des outils qui sont à ta disposition : fiche synthèse de l'unité, mémento, dictionnaire, répertoire, affichages de classe....

HISTOIRE

LOUIS XIV

DIRE 1

Pour mieux écouter

Tu vas entendre trois textes différents.

- Le premier texte a été écrit à notre époque. Il décrit une fête qui a eu lieu au XVIIe siècle.
- Le deuxième texte a été écrit au XVIIe siècle par quelqu'un qui a connu cette fête. Il décrit les habits du roi.
- Le troisième texte a été également écrit au XVIIe siècle. C'est un poème qui parle du caractère du roi.

1. Tu peux regarder cette gravure pendant l'écoute des textes.

Gravure coloriée extraite de l'ouvrage
qui relate le carrousel des 3, 4 et 5 juin 1662 ordonné par Louis XIV.

2. De quel roi parle-t-on dans les textes que tu viens d'entendre ? Avais-tu déjà entendu parler de ce roi ? Que sais-tu de lui ?

3. Lis maintenant les textes que tu viens d'écouter.

1 La première grande fête organisée à Versailles par Louis XIV s'appelle *Les Plaisirs de l'Isle enchantée.*

Du 7 au 14 mai 1664, plus de six cents invités furent tour à tour spectateurs et acteurs d'une série de manifestations diverses – parades, joutes équestres*, théâtre, ballet, feux d'artifice, collations*.

Cette fête met en scène une histoire dont voici un bref résumé : la magicienne Alcine retient dans son île le chevalier Roger et ses compagnons, qui seront finalement délivrés grâce à une bague magique.

Louis XIV et son entourage masculin jouent les rôles principaux, parés de costumes d'un luxe extraordinaire : ils font un carrousel*, puis se livrent à des épreuves équestres inspirées des tournois du Moyen Âge.

* **une joute équestre :** un combat opposant deux cavaliers armés de lances.
* **une collation** : un repas léger.
* **un carrousel** : un défilé.

2

Le roi, représentant Roger, [montait] un des plus beaux chevaux du monde, dont le harnais couleur de feu éclatait d'or, d'argent et de pierreries. Sa Majesté était armée à la façon des Grecs, comme tous ceux de sa quadrille, et portait une cuirasse de lame d'argent couverte d'une riche broderie d 'or et de diamants. Son port et toute son action étaient dignes de son rang; son casque, tout couvert de plumes couleur de feu, avait une grâce incomparable; et jamais un air plus libre, ni plus guerrier, n'a mis un mortel au-dessus des autres hommes.

Molière, 1664
dans *Les Plaisirs de l'Île enchantée.*

3 Sonnet

Pour le Roi, représentant Roger.

Quelle taille, quel port a ce fier conquérant !
Sa personne éblouit quiconque l'examine,
Et quoique par son poste il soit déjà si grand,
Quelque chose de plus éclate dans sa mine. [...]

De ce cœur généreux c'est l'ordinaire emploi
D'agir plus volontiers pour autrui que pour soi;
Là principalement sa force est occupée. [...]

Molière, 1664
dans *Les Plaisirs de l'Île enchantée.*

4. Que t'apprennent cette gravure et ces trois textes sur Louis XIV?

ÉCRIRE 1

• **Rédige un texte qui précise ce que tu as retenu des documents précédemment discutés.**

LIRE 1 - ÉCRIRE 2

Pour mieux comprendre les documents

- Louis XIV devient roi à 5 ans, en 1643. Il apprend son métier de roi auprès de sa mère Anne d'Autriche, assistée de Mazarin qui gouvernent en attendant sa majorité, en 1651.
- Il est couronné roi en 1654, mais il ne prend le pouvoir qu'en 1661, à la mort de Mazarin.

Voici deux documents que l'on retrouve très souvent dans les manuels d'histoire :

A

Louis XIV (1638-1715)
par **Hyacinthe Rigaud**
Huile sur toile. H : 2,77 m – L : 1,94 m.
Musée du Louvre, Paris.

B

Toute puissance, toute autorité réside dans la main du roi. Les rois sont seigneurs absolus. Mon intention n'est pas de partager mon autorité. Dieu, qui a donné des rois aux hommes, a voulu qu'on les respecte et Lui seul peut juger leur conduite. Sa volonté est que quiconque obéisse sans discuter. La tête seule doit penser et prendre les décisions. Les autres membres sont là pour exécuter les ordres.

Louis XIV, 1661

1. **Quelle est la nature de chaque document?**

2. **Quelles informations apportent les parties soulignées?**

3. Dans les manuels d'histoire, ces deux documents sont souvent présentés ensemble. Explique pourquoi.

4. Sous quel titre peut-on les regrouper?

5. Note les mots ou groupes de mots qui te paraissent importants dans ces documents.

Fiches 1 et 2

LIRE 2

Pour mieux comprendre les documents

- Louis XIV règne sur un royaume. Les habitants de ce royaume sont les sujets du roi : ils obéissent à leur souverain (le roi).
- Louis XIV a fait construire de nombreux édifices et notamment le célèbre palais de Versailles. C'est à Versailles que Louis XIV organise de grandes fêtes pour se divertir.

1. Observe les trois documents suivants.
- **Quelle est la nature de chacun?**
- **Pour chaque document, demande-toi qui l'a produit et à quelle époque.**

C

Âgé de quarante-six ans, le Roi conserve encore sa robuste constitution* avec plus de majesté [...]. Sa Majesté cultive par l'exercice le privilège de la santé, qui est la condition de tous les autres biens de la vie. Elle se promène presque quotidiennement et va à la chasse fréquemment. Ses manières sont nobles, courtoises, obligeantes; Elle accorde ses grâces avec tant de politesse qu'Elle en multiplie le prix.

Portrait de Louis XIV en 1683
par **Sebastiano Foscarini,**
ambassadeur vénitien

* **une robuste constitution** : un bon état physique (en bonne santé).

D

Notre monarque se divertit à faire bâtir des palais : cela est digne d'un roi. Il y a même une utilité générale ; car, par ce moyen, les sujets peuvent prendre part aux plaisirs du prince, et voir avec admiration ce qui n'est pas fait pour eux. Tant de beaux jardins et de somptueux édifices sont la gloire de leur pays. Et que ne disent point les étrangers ! Que ne dira point la postérité* quand elle verra ces chefs-d'œuvre de tous les arts !

Jean de La Fontaine, poète
dans *Les Amours de Psyché et de Cupidon* (1669)

E Le rôle des divertissements de cour

Les fêtes fréquentes, les promenades particulières à Versailles, les voyages furent des moyens que le roi saisit pour distinguer et pour mortifier en nommant les personnes qui à chaque fois devaient en être, et pour tenir chacun attentif et assidu* à lui plaire.

Louis de Rouvroy, duc de Saint-Simon, écrivain
dans *Les Mémoires du duc de Saint-Simon* (XVIIIe siècle)

* **la postérité** : l'ensemble des générations futures.
* **assidu** : qui se trouve constamment auprès de quelqu'un.

→ Fiches 3 et 4

LIRE 3 - ÉCRIRE 3

1. **Note l'information principale donnée dans chaque texte.**

2. **Sous quel titre peux-tu regrouper les documents C, D et E ?**

→ Fiche 5

OBSERVATION RÉFLÉCHIE DE LA LANGUE 1

- **Relis le portrait présenté dans le document C, page 101, puis relève tous les mots ou groupes de mots qui désignent Louis XIV.**

→ Fiche 6

LIRE 4

1. Observe les quatre documents suivants :
– en repérant la nature de chacun ;
– en repérant également qui l'a produit et à quelle époque.

Quand la date de réalisation du document n'est pas donnée, aide-toi d'un dictionnaire pour le situer dans le temps.

F

Louis ou Antoine Le Nain :
Famille de paysans dans un intérieur.
Paris, musée du Louvre.

G

– Le 2 janvier 1662 fut enterré en notre Église l'enfant de défunt Jean Vedye mort de faim en son estable.*
– Le 4 mars 1662 fut enterré l'enfant de défunt un nommé Bignon mort de faim effectivement.
– Le 26 mars 1662 a esté enterré en notre simittière* Anne Rochette qui est morte de faim avec ses deux enfants.*
– Le 28 avril 1662 fut enterré en notre semittière le fils à défunt Jacques Drouin mort de faim comme son père.*

Registre paroissial de la Croix-du-Perche (Eure-et-Loir).
Le curé du village y inscrivait les baptêmes, les mariages et les enterrements.

* **une estable** : une étable.
* **a esté** : a été.
* **le simittière (ou semittière)** : le cimetière.

H

Il était une fois un bûcheron et une bûcheronne qui avaient sept enfants, tous garçons ; l'aîné n'avait que dix ans, et le plus jeune n'en avait que sept. Ils étaient fort pauvres… Il vint une année très fâcheuse et la famine fut si grande que ces pauvres gens résolurent de se défaire de leurs enfants… « Tu vois bien que nous ne pouvons plus nourrir nos enfants. Je ne saurais les laisser mourir de faim devant mes yeux et je suis résolu de les mener demain perdre au bois. »

Charles Perrault
« Le Petit Poucet » dans *Contes du temps passé*

I

Vos peuples, Sire, que vous devriez aimer comme vos enfants [...] meurent de faim. La culture des terres est presque abandonnée ; les villes et la campagne se dépeuplent ; tous les métiers se languissent* et ne nourrissent plus les ouvriers. Tout commerce est anéanti* [...]. Au lieu de tirer de l'argent de ce pauvre peuple, il lui faudrait faire l'aumône* et le nourrir [...]. Le peuple même (il faut tout dire), qui vous a tant aimé, qui a eu tant de confiance en vous, commence à perdre l'amitié, la confiance, et même le respect. Vos victoires et vos conquêtes ne le réjouissent plus. Il est plein d'aigreur et de désespoir. La sédition* s'allume peu à peu de toutes parts.

Fénelon (1651-1715),
précepteur* du duc de Bourbon, le petit-fils de Louis XIV
dans *Lettre au roi du 4 mai 1693*

* **se languir** : avoir peu d'activité.
* **être anéanti** : être détruit.
* **l'aumône** : un don fait aux pauvres.
* **la sédition** : la révolte.
* **un précepteur** : une personne chargée de l'éducation d'un enfant à son domicile.

2. **Sur quel problème ces textes attirent-ils ton attention ?**

➜ Fiche 7

LIRE 5 - ÉCRIRE 4

1. **Classe les différentes informations contenues dans le texte de Fénelon (ci-dessus).**
2. **Sous quel titre peut-on regrouper les documents de F, G, H et I ?**

➜ Fiche 8

LIRE 6 - OBSERVATION RÉFLÉCHIE DE LA LANGUE 2

1. **Voici deux extraits de texte issus de deux manuels d'histoire. Lis-les.**

En 1661, à la mort de Mazarin, Louis XIV gouverna en considérant que ses sujets lui devaient une totale obéissance : c'était la monarchie absolue de droit divin (il considérait que son autorité venait de Dieu).

Histoire cycle 3, éditions Hatier

Versailles rassemble presque tous les nobles du royaume. Attirés par la perspective de recevoir des pensions, des titres ou simplement les faveurs du roi, les nobles deviennent ses serviteurs. Les nobles à Versailles forment la cour du roi. Ils assistent aux réceptions fastueuses, aux fêtes et aux représentations théâtrales qui se succèdent.

Une Terre des hommes, éditions Magnard

2. Ces textes sont-ils des documents historiques ?

3. À quels temps est écrit le premier texte ?

- **À quel temps est écrit le second ?**

Tu peux utiliser le mémento.

- **Le premier texte aurait-il pu être écrit au même temps que le second ?**

Fiche 9

DIRE 2

Voici des peintures, des gravures et une photographie représentant des lieux édifiés ou des scènes vécues à l'époque de Louis XIV.

- **En groupe, choisissez un couple d'images, décrivez-les puis commentez-les.**

1a

Louis ou Antoine Le Nain

Peinture à l'huile, début du XVIIe siècle.
Musée du Louvre, Paris.

1b

Carle Van Loo

Peinture à l'huile, 1737.
Musée du Louvre, Paris.

2a

2b

S. Bourdon
Peinture du XVIIe s.
Musée du Louvre, Paris.

3a

C. Stella
Gravure, XVIIe siècle.
Bibliothèque nationale de France, Paris.

3b

J.-B. Charpentier
Peinture à l'huile, XVIIIe siècle.
Musée national du château de Versailles.

Fiche 10

LIRE 7 - ÉCRIRE 5

1. Observe ces deux documents :

Portrait de Louis XIV
Cire de A. Benoist, 1710.
Musée national du château de Versailles.

En août 1715, Louis XIV agonise* d'une gangrène à la jambe, il appelle le dauphin*, son arrière petit-fils et lui dit : « Mignon, vous allez être un grand roi, mais tout votre bonheur dépendra d'être soumis à Dieu et du soin que vous aurez de soulager vos peuples. Il faut, pour cela, que vous éviterez, autant que vous le pourrez, de faire la guerre. C'est la ruine de mes peuples ; ne suivez pas le mauvais exemple que je vous ai donné en cela. J'ai souvent entrepris la guerre trop légèrement et l'ai soutenu par vanité* ; ne m'imitez pas, mais soyez un prince pacifique* et que votre principale occupation soit de soulager vos sujets. »

- * **agoniser :** être entre la vie et la mort.
- * **le dauphin :** le futur roi.
- * **la vanité :** le défaut d'une personne qui a trop bonne opinion d'elle-même.
- * **pacifique :** attaché à la paix.

2. Quelle est la nature de chacun de ces documents ? Demande-toi qui les a produits et à quelle époque.

3. Rédige une phrase qui résume l'attitude du roi à la fin de sa vie.

➜ Fiche 11

OBSERVATION RÉFLÉCHIE DE LA LANGUE 3

un monarque, un souverain, Sire

- **Sous quel mot-titre peut-on regrouper ces trois noms ?**

➜ Fiche 12

SYNTHÈSE

Récapitule avec l'ensemble des élèves de ta classe ce que tu as appris dans cette unité.

➔ Fiche SYNTHÈSE

ÉCRIRE 6

- **Organise les notes que tu as prises dans les étapes précédentes et rédige une synthèse des informations recueillies pour présenter Louis XIV et le situer dans le contexte historique de l'époque. Sers-toi de tout ce que tu as appris dans cette unité.**

DIRE 3

- **Fais une présentation orale de Louis XIV :**
– en te servant des informations relevées dans ta synthèse ;
– en suivant la chronologie proposée par les images suivantes et en les décrivant.

Louis XIV, roi de France (1643-1715)

Peinture de Justus van Egmont, 1651.

Le Ballet de la nuit

Dessin à la gouache avec rehauts d'or, 1653.
Bibliothèque nationale de France, Paris.

Première promotion des chevaliers de l'ordre de saint Louis, le 10 mai 1693

Peinture de F. Marot, 1693.
Musée national du château de Versailles.

Louis XIV à cheval

Huile sur toile de R. A. Houasse, fin du XVIIe siècle.
Musée national du château de Versailles.

Les funérailles de Louis XIV

OBSERVATION RÉFLÉCHIE DE LA LANGUE 4

Vérifie l'orthographe de ton texte en utilisant les outils qui sont à ta disposition : fiche synthèse de l'unité, mémento, dictionnaire, répertoire, affichages de classe…

LITTÉRATURE

QUE D'OGRES !

LIRE 1 - ÉCRIRE 1

Pour mieux comprendre le texte

- Tu vas entendre une histoire qui s'appelle *L'Ogrelet*, publiée par les Éditions Théâtrales.
- À ton avis, qu'est-ce qu'un ogrelet ?
- Connais-tu des histoires avec ce type de personnage ? Lesquelles ?
- Es-tu déjà allé au théâtre ? Quel souvenir en gardes-tu ?

1. Écoute le texte dit par des comédiens.

L'Ogrelet

LES PERSONNAGES :
L'OGRELET, un garçon de six ans, trop grand pour son âge.
LA MÈRE DE L'OGRELET, une femme dans la quarantaine.

LES LIEUX :

UNE MAISON, dans le bois, comme on les imagine dans les contes, fruste, inconfortable. La mère et le fils y vivent.

UNE ÉCOLE DE VILLAGE dont on parle souvent. Elle peut être au loin dans une forme miniaturisée. Dans cette école, des ombres ou des sons.

LE CHEMIN entre les deux, toujours le même à l'aller et au retour.

UNE CABANE de chasseurs abandonnée et la forêt comme un étau, tout autour.

2. Lis maintenant le texte :

Scène 1 : La rentrée.

C'est le jour de la rentrée. L'Ogrelet est vêtu de neuf, il porte des culottes courtes et une chemise repassée. Il est grand et ses jambes nues sont celles d'un homme. Sa mère est en train de mettre cahiers et crayons dans un sac d'école.

MÈRE DE L'OGRELET.– Redis-moi la date de ton anniversaire, mon petit ?

L'OGRELET.– Le 3 décembre, maman.

MÈRE DE L'OGRELET.– Dis-moi maintenant : quel âge tu as eu le 3 décembre dernier ?

L'OGRELET.– Six ans, maman.

MÈRE DE L'OGRELET.– Que fais-tu si la maîtresse te dit : « Tu es trop grand pour venir à l'école » ?

L'OGRELET.– Je lui réponds : « Tous les enfants de six ans ont droit à l'école libre et gratuite. » Qu'est-ce que ça veut dire, maman, « libre et gratuite » ?

MÈRE DE L'OGRELET.– Que tous les enfants de six ans, sans exception, doivent aller à l'école... Et que l'école doit les accepter. Que dis-tu après « libre et gratuite » ?

L'OGRELET.– Si vous ne me croyez pas, écrivez un mot à maman, elle est à la maison. Nous n'avons pas le téléphone, mais elle...

MÈRE DE L'OGRELET.– ... elle vous expliquera notre situation. Tu sauras le dire ?

L'OGRELET.– Oui, maman.

MÈRE DE L'OGRELET.– *(lui tendant son sac d'école)* Tu ne mets pas les doigts dans ton nez, tu écoutes la maîtresse, tu réponds « oui madame », « non madame » et tu regardes le tableau.

L'OGRELET.– C'est quoi un tableau ?

MÈRE DE L'OGRELET.– Tu le reconnaîtras en le voyant. Voilà ton goûter et ton déjeuner, mon Ogrelet. Demande à la maîtresse de manger seul dans la classe... les premiers jours. Dis-lui que ce serait mieux pour toi.

L'OGRELET.– Tu me l'as déjà dit, maman. Je ne pourrai pas jouer au ballon comme les enfants du livre que tu me lis le soir pour m'endormir ?

MÈRE DE L'OGRELET.– Attends de connaître les jeux et la fragilité des enfants pour jouer avec eux. Tu es tellement fort et tellement grand. Tu pourrais les blesser sans le vouloir.

L'OGRELET.– À ce soir, maman.

MÈRE DE L'OGRELET.– Ne t'attarde pas après la classe, ni dans le village, ni dans la forêt.

L'OGRELET.– Pour aller, je marche droit devant et je regarde le soleil monter dans le ciel. Pour revenir, je marche encore droit devant mais je regarde le soleil se coucher derrière la montagne.

MÈRE DE L'OGRELET.– Tu seras un bon élève, mon petit. Va vite maintenant si tu ne veux pas être en retard le jour de la rentrée.

L'Ogrelet et sa mère s'embrassent tendrement. Elle le regarde partir.

L'Ogrelet revient sur ses pas.

L'OGRELET.– J'oubliais les fleurs pour la maîtresse.

MÈRE DE L'OGRELET.– Bonne journée, mon Ogrelet.

Le petit part seul sur la route, sa mère, sur le pas de la porte, agite la main.

Mon petit Ogrelet, je l'ai nourri de lait, gavé de carottes et de navets, de bleuets sauvages, de gelée de roses.

Jamais il n'a senti l'odeur du sang frais. Jamais il n'a tenu un os dans ses mains pas même les petits os de poulet. Jamais il n'a goûté à de la viande crue. Il est prêt pour l'école et son envie de lire est si grande.

L'OGRELET.– Je saurai lire et compter les jours et les années. J'irai au marché du village avec maman. Je porterai les paquets encombrants parce que je suis grand d'avoir eu six ans à la première neige.

Suzanne Lebeau

- **Quelles différences constates-tu entre la version que tu as entendue et la version écrite de cette scène ?**
- **Qu'apprend-on dans cette première scène ?**

➔ Fiche 1

DIRE 1

- **L'auteure du texte essaie de te donner envie de découvrir la suite. Y parvient-elle ? Comment ? Échange avec tes camarades.**

LIRE 2

- **Observe bien les pages 112 et 113 et précise l'organisation du début du texte de théâtre *L'Ogrelet*.**

➔ Fiche 2

LIRE 3

Écoute les comédiens dire la scène 2.

Scène 2 : Où l'Ogrelet découvre le rouge.

MÈRE DE L'OGRELET.– Il est sorti du bois profond. Déjà, il est à la clairière où coule le ruisseau.

Il goûte l'eau qui jaillit entre les roches comme un cadeau à mi-chemin. J'entends ton rire d'enfant de six ans, petit coquin… Tu te moques de mes conseils parce que tu te sens grand. Marche devant toi ! Ne tourne pas la tête pour suivre le lièvre curieux et rapide. N'arrête pas ta marche pour un face-à-face avec la belette aux aguets, le renard aux yeux perçants. Ils croisent ton chemin pour te mettre à l'épreuve… Sous leur épaisse fourrure, ils cachent une terrible tentation. Regarde ce que je t'ai enseigné à voir : les arbres qui poussent sans tuteur, les fleurs au parfum innocent, le soleil qui apaise le tumulte intérieur. Au bout de la forêt, tu vois la première maison au toit de bardeaux…

L'OGRELET.– Je la contourne, sans faire de bruit. La vieille femme qui y habite a le sommeil du matin fragile. Je marche sur la pointe des pieds. Après, c'est facile, tout droit jusqu'à la maison blanche aux volets rouges…

MÈRE DE L'OGRELET.– Vraiment trop rouges, les volets de l'école.

L'OGRELET.– Comme le coquelicot que maman a trouvé pour me faire connaître le rouge.

MÈRE DE L'OGRELET.– Tu ne peux pas te tromper, mon petit Ogrelet, le rouge ne ressemble à rien d'autre.

L'OGRELET.– Je connais depuis longtemps le gris des cailloux, le brun de l'écorce, le vert de la mousse, celui du printemps, et celui des sapins la nuit, le jaune de l'été et le blanc de l'écume dans le ruisseau. Aujourd'hui, je vais connaître le rouge de l'école.

MÈRE DE L'OGRELET.– Ne te laisse pas impressionner par le rouge, mon Ogrelet. Regarde-le une seule fois pour reconnaître l'école, frappe à la porte sans hésiter et entre sans attendre la réponse. L'école est ouverte à tous.

Suzanne Lebeau

- **Que penses-tu des réactions de la mère de l'ogrelet à propos de la couleur rouge ?**

Fiche 3

DIRE 2

- **Lis cette scène en te représentant les personnages sur scène au fur et à mesure de ta lecture.**

Scène 3 : Où l'Ogrelet découvre qu'il est différent.

Le soir commence à tomber. La mère de l'Ogrelet est à sa porte.

MÈRE DE L'OGRELET.– Calme-toi, mon cœur, qui a peur de tout, et toi, ma tête, qui dessine les catastrophes. Laissons la vie faire les choses.

L'OGRELET.– Maman !

MÈRE DE L'OGRELET.– Mon petit Ogrelet, j'étais inquiète. De l'école à la maison il n'y a pas plus de mille pas et le soleil a dépassé depuis longtemps la cime du grand cèdre.

L'OGRELET.– Tu vois bien que je suis là.

MÈRE DE L'OGRELET.– Raconte-moi ta première journée d'école.

L'OGRELET.– Je ne me suis pas perdu.

MÈRE DE L'OGRELET.– Dis-moi des détails qui vont remettre de l'ordre dans ma tête folle.

L'OGRELET.– Le rouge des volets de l'école brillait dans le soleil. En trois pas, j'étais à la porte et je sentais mon cœur battre très fort dans ma poitrine. Je suis entré sans hésiter et j'ai reconnu la maîtresse tout de suite.
Elle portait une robe rouge comme les volets et cela m'a rendu heureux.

MÈRE DE L'OGRELET.– Il faut regarder le visage de la maîtresse, suivre ses doigts et ne jamais s'attarder à la couleur de sa robe.

L'OGRELET.– Ses lèvres aussi étaient rouges et brillantes, et ses ongles sur ma feuille et sur le tableau étaient rouges, maman. Elle a dit : « Tu es trop grand pour avoir six ans » avec un sourire et la voix douce.

MÈRE DE L'OGRELET.– J'écrirai une lettre à la maîtresse. Raconte-moi la suite.

L'OGRELET.– Elle a dit : « Puisque tu es tellement grand, tu vas t'asseoir au fond de la classe » et elle est allée chercher un pupitre assez grand et assez haut pour moi. « Comme ça, tu seras bien. » Les enfants de ma classe sont si petits, c'est étonnant... à peine plus hauts que la patte de la table.

MÈRE DE L'OGRELET.– Les enfants de six ans sont souvent très petits.

L'OGRELET.– Pourquoi, moi, je suis si grand, maman ?

MÈRE DE L'OGRELET.– Parce que je te nourris des légumes du jardin. Sens le potage dans la casserole !
Je l'ai parfumé au thym et au romarin pour chasser de ta bouche la poussière du chemin.

L'OGRELET.– Le chemin de l'école est un vrai garde-manger, maman, et j'avais si faim que j'ai grignoté tout le long.

MÈRE DE L'OGRELET.– Je t'attendais, mon petit, et mon cœur battait plus fort que la cloche de l'église.
Qu'est-ce que tu as tant mangé sur le chemin du retour ?

L'OGRELET.– Des feuilles de thé des bois que j'ai sucées, des mûres que j'ai trouvées dans les ronces…

MÈRE DE L'OGRELET.– Dieu merci ! rien pour te couper l'appétit. Va te laver les mains pendant que j'allume la chandelle et que je mets la nappe des grands jours.

Elle lui sert une assiette immense.

L'OGRELET.– Je sens les carottes d'automne et le navet... Le brocoli, les choux de Bruxelles... Tu as cuit tout le jardin ! Mais, tu sais, maman, j'aimerais aussi des mets qui ne font pas grandir autant.

MÈRE DE L'OGRELET.– Mettons-nous à table sans attendre, tu dois avoir l'estomac dans les talons après toutes ces émotions.

L'OGRELET.– Ne t'inquiète pas pour moi. Mes grandes jambes me portent toutes seules.

MÈRE DE L'OGRELET.– Raconte-moi ce qui s'est passé après l'histoire du pupitre.

L'OGRELET.– La maîtresse a dit, de sa voix douce encore : « Qu'est-ce que je vais faire avec toi, tu es tellement différent des autres enfants ? »

MÈRE DE L'OGRELET.– Différent ?

L'OGRELET.– Mes mains sont plus larges que la page du cahier neuf que tu as mis dans mon sac.

MÈRE DE L'OGRELET.– Tu leur as dit qu'il faut des mains larges et fortes pour couper le bois ?

L'OGRELET.– Pas vraiment...

MÈRE DE L'OGRELET.– Ne t'inquiète pas, j'écrirai une lettre à ta maîtresse.

L'OGRELET.– « Tu es grand comme mon père » ont dit les enfants et ils sont partis jouer dans la cour. Je suis resté seul à mon pupitre pendant toute la récréation.

MÈRE DE L'OGRELET.– Petit ou grand, la maîtresse sera contente si tu aimes les mots et les chiffres.

L'OGRELET.– C'est ce qu'elle a dit pour me consoler. Je peux faire mon devoir tout de suite ?

Pendant que la mère enlève les assiettes, l'Ogrelet sort de son sac d'école cahiers, crayons et gomme à effacer.

Je dois écrire mon nom dix fois sur la première page et sur les lignes.

Elle nettoie la table, regardant son petit de temps à autre.
Le crayon en l'air, l'Ogrelet a le regard rêveur.

MÈRE DE L'OGRELET.– Tu n'écris pas mon Ogrelet ?

L'OGRELET.– Je n'avais pas mon nom dans le cahier de la maîtresse, comme les autres, et je dois choisir quel nom écrire. Lequel de mes noms me va le mieux, maman ? Nogrelet, Togrelet, Logrelet…

MÈRE DE L'OGRELET.– Mon Ogrelet, mon petit Ogrelet et l'Ogrelet sont des mots doux entre toi et moi. Jamais, tu ne dois les prononcer à l'école et encore moins les écrire.

L'OGRELET.– Je peux écrire « Simon » ?

MÈRE DE L'OGRELET.– Simon ?

L'OGRELET.– C'est un nom que tu dis parfois dans ton sommeil.

MÈRE DE L'OGRELET.– Simon est un joli prénom.

L'OGRELET.– J'écrirai Simon, c'est court et ça sonne bien. La maîtresse a dit que tu dois le faire une fois.

La mère de l'Ogrelet écrit.

MÈRE DE L'OGRELET.– S-I-M-O-N. Simon te va comme un gant. C'est doux comme de la soie... *(pour elle-même)* ... chargé de souvenirs. Je ne sais pas si j'aurai du plaisir à le dire tous les jours...

Elle s'assoit à côté de son fils et écrit une lettre pour la maîtresse.

« Le 6 septembre
Mademoiselle,
Mon fils semble heureux de sa première journée d'école et du pupitre à sa taille. Je suis certaine que Simon vous donnera satisfaction car il aime apprendre. Ne le disputez pas pour sa taille surprenante, il la tient de son père qui était un homme très robuste.
En terminant, j'oserai vous demander, comme une faveur, de garder pour les fins de semaine votre robe rouge qui semble si jolie. Je me méfie tant des effets de cette couleur sur l'esprit fantasque de mon fils que je n'ai gardé autour de la maison que des arbres qui ne rougissent pas à l'automne.
Votre toute dévouée, Anne Chaffaut. »
(pour elle-même) J'ai banni du jardin les fraises, les framboises, les tomates qui poussent toutes seules et même les melons d'eau qui cachent leur couleur éclatante sous une épaisse peau de printemps.

Suzanne Lebeau

- **Avec ta classe, faites une lecture en cercle de cette scène.**

OBSERVATION RÉFLÉCHIE DE LA LANGUE 1

- **Relis cet extrait de la scène 1 :**

L'OGRELET.– Pour aller, je marche droit devant et je regarde le soleil monter dans le ciel. Pour revenir, je marche encore droit devant mais je regarde le soleil se coucher derrière la montagne.
MÈRE DE L'OGRELET.– Tu seras un bon élève, mon petit. Va vite maintenant si tu ne veux pas être en retard le jour de la rentrée.

L'Ogrelet et sa mère s'embrassent tendrement. Elle le regarde partir.
L'Ogrelet revient sur ses pas.

L'OGRELET.– J'oubliais les fleurs pour la maîtresse.
MÈRE DE L'OGRELET.– Bonne journée, mon Ogrelet.

Le petit part seul sur la route, sa mère, sur le pas de la porte, agite la main.

- **Relève les pronoms personnels, les déterminants possessifs et les temps verbaux dans les répliques et dans les indications scéniques : que remarques-tu ?**

➜ Fiche 4

LIRE 4 - ÉCRIRE 2

Pour mieux comprendre le texte

- Tu vas lire un extrait d'un conte merveilleux : le Petit Poucet.
- Dans ce conte, l'auteur, Charles Perrault, met en scène un ogre et des enfants. Parmi ces enfants, il y a celui que l'on nomme Poucet car il n'est pas plus grand qu'un pouce. En plus, comme il ne parle presque jamais, ses parents pensent qu'il est idiot.

• **Écoute le texte en suivant la lecture.**

Le petit Poucet

Abandonnés dans la forêt par leurs parents, le petit Poucet et ses six frères voient briller une chandelle dans la nuit…

Ils arrivèrent enfin à la maison où était cette chandelle, non sans bien des frayeurs, car souvent ils la perdaient de vue, ce qui leur arrivait toutes les fois qu'ils descendaient dans quelque fond*.

Ils heurtèrent à la porte, et une bonne femme vint leur ouvrir. Elle leur demanda ce qu'ils voulaient; le petit Poucet lui dit qu'ils étaient de pauvres enfants qui s'étaient perdus dans la Forêt, et qui demandaient à coucher par charité. Cette femme les voyant tous si jolis se mit à pleurer, et leur dit :

« Hélas ! mes pauvres enfants, où êtes-vous venus ? Savez-vous bien que c'est ici la maison d'un ogre qui mange les petits enfants ?

– Hélas ! madame, lui répondit le petit Poucet, qui tremblait de toute sa force aussi bien que ses frères, que ferons-nous ? Il est bien sûr que les loups de la forêt ne manqueront pas de nous manger cette nuit, si vous ne voulez pas nous retirer* chez vous. Et cela étant, nous aimons mieux que ce soit monsieur qui nous mange; peut-être qu'il aura pitié de nous, si vous voulez bien l'en prier. »

La femme de l'ogre, qui crut qu'elle pourrait les cacher à son mari jusqu'au lendemain matin, les laissa entrer et les mena se chauffer auprès d'un bon feu, car il y avait un mouton tout entier à la broche pour le souper de l'ogre. Comme ils commençaient à se chauffer, ils entendirent heurter trois ou quatre grands coups à la porte : c'était l'ogre qui revenait.

Aussitôt sa femme les fit cacher sous le lit, et alla ouvrir la porte. L'ogre demanda d'abord si le souper était prêt, et si on avait tiré du vin, et aussitôt se mit à table. Le mouton était encore tout sanglant, mais il ne lui en sembla que meilleur. Il fleurait* à droite et à gauche, disant qu'il sentait la chair fraîche.

« Il faut, lui dit sa femme, que ce soit ce veau que je viens d'habiller* que vous sentez.

– Je sens la chair fraîche, te dis-je encore une fois, reprit l'ogre, en regardant sa femme de travers, et il y a ici quelque chose que je n'entends* pas. »

En disant ces mots, il se leva de table, et alla droit au lit.

« Ah ! dit-il, voilà donc comme tu veux me tromper, maudite femme ! Je ne sais à quoi il tient que je ne te mange aussi, bien t'en prend d'être une vieille bête. Voilà du gibier qui me vient bien à propos pour traiter trois ogres de mes amis qui doivent me venir voir ces jours ici. »

Il les tira de dessous le lit l'un après l'autre. Ces pauvres enfants se mirent à genoux en lui demandant pardon ; mais ils avaient affaire au plus cruel de tous les ogres, qui bien loin d'avoir de la pitié les dévorait déjà des yeux, et disait à sa femme que ce serait là de friands morceaux lorsqu'elle leur aurait fait une bonne sauce.

Il alla prendre un grand couteau, et en approchant de ces pauvres enfants, il l'aiguisait sur une pierre qu'il tenait à sa main gauche. Il en avait déjà empoigné un, lorsque sa femme lui dit :

« Que voulez-vous faire à l'heure qu'il est ? N'aurez-vous pas assez de temps demain matin ?

– Tais-toi, reprit l'ogre, ils en seront plus mortifiés*.

– Mais vous avez encore là tant de viande, reprit sa femme, voilà un veau, deux moutons et la moitié d'un cochon !

– Tu as raison, dit l'ogre, donne-leur bien à souper afin qu'ils ne maigrissent pas, et va les mener coucher. »

La bonne femme fut ravie de joie, et leur porta bien à souper, mais ils ne purent manger tant ils étaient saisis de peur. Pour l'ogre il se remit à boire, ravi d'avoir de quoi si bien régaler ses amis. Il but une douzaine de coups plus qu'à l'ordinaire, ce qui lui donna un peu dans la tête*, et l'obligea de s'aller coucher.

L'ogre avait sept filles qui n'étaient encore que des enfants. Ces petites ogresses avaient toutes le teint fort beau, parce qu'elles mangeaient de la chair fraîche comme leur père ; [...] Elles n'étaient pas encore fort méchantes ; mais elles promettaient beaucoup, car elles mordaient déjà les petits enfants pour en sucer le sang. On les avait fait coucher de bonne heure, et elles étaient toutes sept dans un grand lit, ayant chacune une couronne d'or sur la tête. Il y avait dans la même chambre un autre lit de la même grandeur ; ce fut dans ce lit que la femme de l'ogre mit coucher les sept petits garçons; après quoi, elle s'alla coucher auprès de son mari.

Le petit Poucet qui avait remarqué que les filles de l'ogre avaient des couronnes d'or sur la tête, et qui craignait qu'il ne prit à l'ogre quelque remords de ne les avoir pas égorgés dès le soir même, se leva vers le milieu de la nuit, et prenant les bonnets de ses frères et le sien, il alla tout doucement les mettre sur la tête des sept filles de l'ogre, après leur avoir ôté leurs couronnes d'or qu'il mit sur la tête de ses frères et sur la sienne, afin que l'ogre les prît pour ses filles, et ses filles pour les garçons qu'il voulait égorger. La chose réussit comme il l'avait pensé ; car l'ogre, s'étant éveillé sur le minuit, eut regret d'avoir différé au lendemain ce qu'il pouvait exécuter la veille; il se jeta donc brusquement hors du lit, et prenant son grand couteau :

« Allons voir, dit-il, comment se portent nos petits drôles ; n'en faisons pas à deux fois*. »

Il monta donc à tâtons à la chambre de ses filles et s'approcha du lit où étaient les petits garçons, qui dormaient tous, excepté le petit Poucet, qui eut bien peur lorsqu'il sentit la main de l'ogre qui lui tâtait la tête, comme il avait tâté celles de tous ses frères. L'ogre, qui sentit les couronnes d'or :

« Vraiment, dit-il, j'allais faire là un bel ouvrage; je vois bien que je bus trop hier au soir. »

Il alla ensuite au lit de ses filles où, ayant senti les petits bonnets des garçons :

« Ah ! les voilà, dit-il, nos gaillards ! Travaillons hardiment. »

En disant ces mots, il coupa sans balancer* la gorge à ses sept filles. Fort content de cette expédition, il alla se recoucher auprès de sa femme.

Aussitôt que le petit Poucet entendit ronfler l'ogre, il réveilla ses frères, et leur dit de s'habiller promptement et de le suivre. Ils descendirent doucement dans le jardin, et sautèrent par-dessus les murailles. Ils coururent presque toute la nuit, toujours en tremblant et sans savoir où ils allaient.

Charles Perrault

- * **un fond** : un fossé.
- * **retirer** : abriter.
- * **fleurer** : renifler.
- * **habiller un veau** : le préparer à la cuisson.
- * **entendre** : comprendre.
- * **mortifié (en cuisine)** : rendu plus tendre.
- * **donner dans la tête** : soûler.
- * **ne pas en faire à deux fois** : sans attendre.
- * **balancer** : hésiter.

- **Décris la famille de l'ogre.**
- **En quoi diffère-t-elle de la famille de l'Ogrelet ?**

Fiche 5

OBSERVATION RÉFLÉCHIE DE LA LANGUE 2

- **Relis ce passage du *Petit Poucet* :**

Ils heurtèrent à la porte, et une bonne femme vint leur ouvrir. Elle leur demanda ce qu'ils voulaient ; le petit Poucet lui dit qu'ils étaient de pauvres enfants qui s'étaient perdus dans la Forêt, et qui demandaient à coucher par charité. Cette femme les voyant tous si jolis se mit à pleurer, et leur dit : « Hélas ! mes pauvres enfants, où êtes-vous venus ? Savez-vous bien que c'est ici la maison d'un Ogre qui mange les petits enfants ? »

- **Combien de personnages parlent dans cet extrait ?**
- **Échange avec tes camarades. Êtes-vous tous d'accord ? Expliquez votre réponse.**

➜ Fiche 6

LIRE 5

- **Écoute les comédiens dire les scènes 4, 5 et 6 de *L'Ogrelet*.**

Scène 4 : Où l'Ogrelet découvre l'odeur du sang.

La mère et le fils sont dans la cuisine. L'Ogrelet ramasse ses cahiers et ses livres qu'il feuillette. Sa mère est à la fenêtre qu'elle entrouvre. Elle écoute les coups de feu et respire avec inquiétude l'air du dehors.

L'OGRELET.– Toutes les pages de mon cahier ont des anges◆, maman, et la maîtresse dit que je suis un bon élève.

MÈRE DE L'OGRELET.– Je déteste les chasseurs qui ne respectent ni le jour ni la nuit.

L'OGRELET .– Tu as mal dormi, maman ?

MÈRE DE L'OGRELET.– Les coups de feu m'ont tenue éveillée. Dans le noir, les heures passent lentement et les ombres se transforment en cauchemar... *(pour elle-même)* Et cette odeur de sang ! Jusque dans la chambre, la fenêtre fermée, je pouvais sentir la blessure du loup qui dessine des chemins dans la forêt.

L'OGRELET .– La maîtresse dit que les loups affamés empêchent les enfants de venir à l'école et que les chasseurs sont utiles.

MÈRE DE L'OGRELET.– Ici les loups ont suffisamment à manger et les chasseurs chassent pour leur plaisir.

L'OGRELET .– Hier, il manquait Georges et Joseph, et même Marie, qui habitent de l'autre côté de la forêt. Paméla, elle, vient tous les jours malgré le loup. Qu'est-ce qu'un loup, maman ?

◆ Au Québec, les enseignants récompensent les bons élèves en décorant leurs devoirs d'autocollants en forme d'anges.

MÈRE DE L’OGRELET.– Un carnivore, mon petit, un mangeur de viande crue. Ses crocs ne laissent pas de quartier et ses yeux jaunes voient dans la nuit. Il court plus vite qu’un garçon de six ans, même grand comme toi. Ne te mets pas sur sa route !

L’OGRELET.– Je n’ai pas peur des loups.

MÈRE DE L’OGRELET.– J’ai peur des chasseurs et des loups. Vivement l’hiver qui rendra à la forêt son silence et son odeur de feuilles mortes et d’arbres gelés.

L’OGRELET.– J’aime l’odeur de l’automne et des chasseurs, maman, et ne t’inquiète pas pour moi, je suis trop grand pour avoir peur. Regarde mes mains, elles sont capables de tordre le cou d’un loup.

MÈRE DE L’OGRELET.– J’aimerais que tu restes à la maison aujourd’hui.

L’OGRELET.– Oh non ! maman. J’ai promis à Paméla de lui faire goûter une pomme verte. Elle dit que les pommes vertes donnent mal à l’estomac et qu’il faut attendre qu’elles soient rouges pour les manger.

Ah ! Maman... une lettre de la maîtresse que j’avais oubliée dans mon sac.

MÈRE DE L’OGRELET.– Tu m’as caché une lettre de la maîtresse !

L’OGRELET.– Je l’ai oubliée, maman. À ce soir. Je ne m’attarderai pas.

MÈRE DE L’OGRELET.– Simon ! Ne pars pas tout de suite.

L’OGRELET .– Je vais être en retard.

MÈRE DE L’OGRELET.– Attends une minute, je dois lire cette lettre. Il y a peut-être une chose importante que je dois te donner... pour la journée.

L’OGRELET.– C’est une lettre de l’autre jour, peut-être de l’autre semaine et la maîtresse n’en a pas reparlé. Je te promets de revenir tout de suite après l’école.

MÈRE DE L’OGRELET.– La forêt n’est pas sûre et j’aime mieux te garder avec moi.

L’OGRELET.– À ce soir, maman.

La mère de l’Ogrelet court derrière lui, l’attrape par le bras pour le retenir.

MÈRE DE L’OGRELET.– J’aimerais mieux que tu restes avec moi.

L’OGRELET.– Ne t’inquiète donc pas, maman.

MÈRE DE L’OGRELET.– Tu ne sors pas aujourd’hui, Simon !

La mère lui barre le passage.

L’OGRELET.– Tu n’as pas le droit de m’empêcher d’aller à l’école... Même si tu voulais, tu ne le pourrais pas, je suis trop fort maintenant. J’aime l’odeur de la forêt... Toute la nuit, elle m’a agacé, jusque dans les plis de mon oreiller...

L’Ogrelet bouscule sa mère et se sauve dans la forêt.

MÈRE DE L’OGRELET.– Simon, reviens ! Simon ! Je ne veux pas que tu sortes...

Simon est déjà loin et ne l’entend pas. La mère de l’Ogrelet reste seule, la lettre à la main.

Ce n’est pas l’odeur de la forêt qui t’appelle, c’est l’odeur du loup blessé.

Elle ouvre la lettre.

(lisant) «Le 10 octobre

Chère madame,

J’aime bien Simon. Il est doué pour apprendre et appliqué dans tout ce qu’il fait. Mais... il s’est passé aujourd’hui un fait bizarre dont j’aimerais vous parler. Les enfants travaillaient en silence quand le petit Thomas s’est mis à saigner du nez. La chose est banale dans une classe.

C'est l'attitude de Simon qui m'a surprise. Il s'est levé, comme hypnotisé, le regard fixe. Il s'est mis à quatre pattes et il a suivi les traces de sang du pupitre de Thomas aux toilettes avec un sourire étrange. J'ai eu peur et j'ai envoyé les enfants en récréation même s'il n'était pas neuf heures du matin. J'ai lavé le sang à grande eau et quand Simon est rentré, il avait retrouvé son regard tendre et son sourire d'enfant. J'aimerais vous rencontrer avant la réunion de parents. Vous pourrez sûrement m'aider à comprendre ce comportement.
Bien amicalement, la maîtresse de Simon. »

La mère de l'Ogrelet répond immédiatement.

« Mademoiselle,
Comment dire avec des mots le passé que je hais et l'avenir que je crains ?
Je cherche par où commencer et je ne trouve qu'une histoire d'amour. *(le souvenir l'envahit)* La lune était pleine, le fond de l'air était doux et la bière coulait de larges tonneaux. La foule était joyeuse, animée mais je ne voyais qu'un homme, blond comme mon petit et droit comme un chêne. D'un seul bras il faisait tourner les tonneaux de bière qu'il me versait dans la gorge en riant. Il s'appelait Simon.
J'avais une robe pour danser et il m'a fait tourner jusqu'au matin sans se fatiguer. Quand le jour s'est levé j'étais amoureuse déjà et perdue sans le savoir. J'avais vingt ans et je rêvais de cet amour absolu qui fait oublier père et mère. Je l'ai suivi au bout du monde, dans ce village où vous enseignez... »

Un bruit de branches qui craquent, la mère de l'Ogrelet s'arrête pour écouter.

Simon... Simon, mon petit, c'est toi ?

Silence.

Simon, réponds-moi ! Je suis certaine que c'est toi.

Elle ouvre la fenêtre et découvre Simon assis juste dessous.
Il pleure, la tête enfouie dans son sac.

Mon tout petit...

L'OGRELET.– Je me suis fait mal, maman...

MÈRE DE L'OGRELET.– Tu t'es blessé au front et tes jambes sont écorchées.

l'Ogrelet.– C'est pire encore à l'intérieur. J'ai mal au cœur, mal au ventre et envie de vomir.

MÈRE DE L'OGRELET.– Qu'est-ce qui t'est arrivé Simon ?

L'OGRELET.– J'ai couru dans la forêt comme un fou. Je voulais aller à l'école...

MÈRE DE L'OGRELET.– Pourquoi es-tu revenu ?

L'OGRELET.– Plus je courais, plus je m'éloignais de l'école. J'allais où mes pas me portaient et mes pas m'ont amené si loin que je ne reconnaissais plus les arbres et les sentiers.
J'entendais les coups de feu des chasseurs et je respirais à pleins poumons une étrange odeur qui me donnait des ailes au bout des bras et de la force dans les jambes. Je courais, je courais si vite que je n'ai pas vu la branche au milieu du chemin et je suis tombé. J'ai dû m'assommer car lorsque je me suis réveillé, il y avait le silence tout autour et une odeur de roses plus forte que celle de la forêt. J'avais la tête dans un rosier en fleur...

MÈRE DE L'OGRELET.– Tu as rêvé mon petit, les rosiers ne fleurissent pas en octobre.

L'Ogrelet.– Regarde sur mes jambes les éraflures des épines. L'odeur des roses m'a rappelé la gelée des jours de fête et... je suis revenu.

Sa blessure à la tête ne saigne pas.

Mère de l'Ogrelet.– Je vais te faire une compresse de chou et demain tu seras comme neuf.

L'Ogrelet .– Est-ce que je pourrai aller à l'école, maman, quand tu auras fini ?

Mère de l'Ogrelet.– Calme-toi, Simon ! Aujourd'hui tu vas rester au lit et te refaire des forces. J'irai à l'école dire à ta maîtresse que tu es malade. Viens, que je t'installe sous tes couvertures.

L'Ogrelet.– Demande à la maîtresse de te donner le travail de la journée, je le ferai à mon réveil.

Mère de l'Ogrelet.– *(pour elle-même)* Il faudra que je trouve ce rosier qui a ramené mon petit à la raison et à la maison.

Scène 5 : Où l'Ogrelet découvre le goût du sang.

C'est la nuit. Simon se lève et rôde dans la cuisine. Il tourne en rond, ému et agité.

L'Ogrelet.– J'ai cru qu'elle ne s'endormirait jamais... Elle me surveille du matin au soir et du soir au matin !

Il ouvre sans bruit les armoires, prend une carotte, la goûte, la recrache avec dégoût. Il fouille, goûte à tout ce qu'il trouve et jette par terre brocoli, pomme, céleri, herbes, etc. Il tourne en rond, boit un verre de lait, piétine du pain avec rage et ouvre la fenêtre qui laisse entrer la lumière de la pleine lune. Il saute par la fenêtre et s'enfuit dans la nuit avec la précipitation et la rage d'une bête affamée.

La mère de l'Ogrelet se réveille.

Mère de l'Ogrelet.– C'est toi qui fais ce bruit, Simon ?

Elle aperçoit la fenêtre ouverte.

Simon ! Reviens, avant qu'il ne soit trop tard. Simon, la forêt, la nuit, n'est pas bonne pour les ogrelets.

Simon !

Elle revient à la maison et aperçoit le désordre dans la cuisine. Elle se couvre les épaules d'un châle et entreprend de mettre de l'ordre dans la cuisine quand elle voit le sac de Simon. Elle y fouille avec fébrilité et découvre une lettre froissée qui doit traîner dans le sac depuis quelques jours. Elle la serre sur son cœur.

(lisant) « Le 28 octobre, »

(commentant) Plus de deux semaines depuis que la maîtresse m'a écrit cette lettre !

Elle allume une chandelle et lit.

« Madame,

Simon travaille toujours avec une belle application mais son comportement est de plus en plus étrange.

Je vous raconte ce qui est arrivé aujourd'hui. Les enfants jouaient dans la cour et j'étais dans la classe à corriger quand j'ai entendu des cris aigus. J'ai couru comme une folle, imaginant le pire.

Des enfants grimpaient dans les arbres, ce qui est défendu. Au pied d'un grand pin, la petite Paméla, dont Simon a dû vous parler, était par terre, une blessure à la main qui saignait abondamment. Simon léchait le sang. Il avait le regard d'un adulte fou dans son visage d'enfant sage. Je me suis approchée, mais il m'a repoussée brutalement et chaque fois que je faisais un pas, il se mettait à rugir. J'emploie ce mot en sachant qu'il vous fera du chagrin, mais aucun autre ne peut décrire ce que j'ai entendu.

Quand plus une goutte de sang n'a coulé de la main de Paméla, Simon est retourné jouer comme si rien ne s'était passé.

J'ai conduit Simon au bureau de la directrice où il s'est remis à ses devoirs le plus normalement du monde. Je crois tout de même qu'il faudrait envisager de retirer Simon de l'école quelques jours, car je crains pour la sécurité des petits. »

Elle fouille le sac à fond avec la crainte de découvrir une autre lettre. Simon entre.

L'OGRELET.– Maman, tu ne dors pas ?

mère de l'Ogrelet.– D'où viens-tu, Simon ?

l'Ogrelet.– J'avais trop chaud dans mon lit et la lune brillait si fort.

mère de l'Ogrelet.– Viens plus près de moi, mon petit.

Elle élève la chandelle et regarde le visage de Simon attentivement. D'une main tremblante, elle cueille une goutte de sang au coin des lèvres.

Ce que tu vois sur mon doigt, c'est du sang que j'ai pris au coin de ta bouche. Ne me dis pas que tu es sorti admirer le clair de lune.

L'OGRELET .– Je ne me rappelle plus.

MÈRE DE L'OGRELET.– Regarde le désordre dans la cuisine et ce que tu as fait des repas pour demain.

L'OGRELET .– J'avais faim, maman.

MÈRE DE L'OGRELET.– Regarde ton pyjama taché et fais un effort pour te souvenir. Je t'en prie, mon petit.

L'OGRELET .– Un lièvre est passé entre mes jambes.

MÈRE DE L'OGRELET.– Dis-moi ce que tu as fait, Simon !

L'OGRELET .– Je ne me rappelle plus que l'odeur salée.

MÈRE DE L'OGRELET.– Je t'en prie, essaie de te rappeler.

L'OGRELET .– Je ne me rappelle plus que la faim qui me tordait le ventre.

MÈRE DE L'OGRELET.– Fais un effort, Simon.

L'OGRELET .– Je ne me rappelle plus que le goût divin dans la bouche qui n'est pas celui des carottes fades et du navet insipide...

MÈRE DE L'OGRELET.– Tu lui as tordu le cou, à ce lièvre qui ne t'avait rien fait, et tu l'as mangé cru et tiède. C'est son sang sur ta bouche et sur toi. Va te laver, mon petit, et quand tu seras propre je te raconterai une histoire que tu dois connaître.

Scène 6 : Où l'Ogrelet apprend qui est son père et le sang qui coule dans ses veines moitié-moitié.

MÈRE DE L'OGRELET.– Tu as appris le mot *père* à l'école ?

L'OGRELET.– Oui, je connais le mot *père*. Les enfants de ma classe doivent avoir un père parce qu'ils ont l'air de bien connaître ce mot.

MÈRE DE L'OGRELET.– Toi aussi tu as un père, Simon.

L'OGRELET.– Dis-moi vite où il est, maman.

MÈRE DE L'OGRELET.– Je ne sais pas où est ton père, Simon. Il est parti une nuit de pleine lune.

L'OGRELET.– Il est parti à cause de moi ?

MÈRE DE L'OGRELET.– Pas à cause de toi, Simon... Pour toi... Ton père était le plus grand et le plus fort de tous les hommes du village, tendre, amoureux... Tu lui ressembles beaucoup par la taille, la force, le blé mûr des cheveux. Tu lui ressembles aussi par le goût de viande crue qui t'a fait sortir cette nuit, à peine habillé, dans la forêt glacée. Dans tes veines coulent mon sang et le sien. Et le sang de ton père est celui d'un ogre.

L'OGRELET.– Un ogre ?

MÈRE DE L'OGRELET.– L'ogre se nourrit de chair humaine. Il ne mange pas, il dévore, et son plat préféré...

Elle se tait, incapable d'en dire plus.

L'OGRELET.– Tu dois me le dire, maman.

MÈRE DE L'OGRELET.– La chair tendre des enfants.

L'OGRELET.– Un homme peut avoir envie de manger des enfants ?

MÈRE DE L'OGRELET.– Un ogre, oui. C'est ce qu'on dit et j'ai des raisons de le croire. Quand j'ai rencontré ton père, je ne savais rien. Je ne voyais que le bleu de ses yeux, sa main rassurante qui prenait la mienne pour traverser la rivière et les roses qu'il m'offrait au milieu de l'hiver, ce que personne d'autre ne savait faire. Nous avons eu une petite fille que nous aimions à la folie.

L'OGRELET.– J'ai une petite sœur !

MÈRE DE L'OGRELET.– Tu *aurais* une grande sœur de quinze ans, si...

L'OGRELET.– Si quoi ?

MÈRE DE L'OGRELET.– Si Alexandrine, c'était son nom, n'avait pas disparu mystérieusement à l'âge de deux ans... C'est ce que ton père m'a raconté et je l'ai cru. J'étais désespérée mais juste sur le point d'accoucher et j'ai mis toute mon âme à bien préparer une deuxième petite fille que nous avons appelée Béatrice.

L'Ogrelet.– Béatrice...

Mère de l'Ogrelet.– Elle est tombée dans un ravin à l'âge de deux ans.

L'Ogrelet.– C'est ce que mon père a raconté ?

mère de l'Ogrelet.– On n'a pas retrouvé son corps malgré toutes les recherches. Je me suis mise à douter de tout et j'ai surveillé ma petite Céleste sans répit. Pourtant je n'ai pas su empêcher le malheur de nous frapper encore. J'ai eu trois autres petites filles : Dorothée, blonde comme les blés...

L'Ogrelet.– Arrête, maman !

Mère de l'Ogrelet.– Élise, si douce dans sa robe grise. Fabienne...

L'Ogrelet.– Toutes mes sœurs...

Mère de l'Ogrelet.– J'ai surveillé, épié, protégé sans jamais pouvoir empêcher qu'elles disparaissent l'une après l'autre à l'âge le plus tendre...

L'Ogrelet.– C'est mon père qui les a mangées ?

Mère de l'Ogrelet.– J'étais enceinte de toi, de sept mois déjà. Ton père était étrangement heureux…

Il attendait ta naissance avec impatience et moi avec inquiétude. J'ai juré de suivre chacun de tes pas jusqu'à l'âge adulte...

L'Ogrelet.– Qu'est-ce qui est arrivé maman ?

Mère de l'Ogrelet.– Je me suis réveillée une nuit, à côté de moi, le lit était froid. J'étais seule avec toi qui bougeais dans mon ventre et, sur la table, j'ai trouvé cette lettre que tu peux lire maintenant.

Elle sort une lettre de son corsage et la tend à l'Ogrelet.

L'ogrelet.– *(lisant)* « Ma chère Anne,

Il n'est pas dans la nature que les enfants meurent avant leurs parents...

L'Ogrelet se tait, incapable de lire davantage. Sa mère reprend la lettre.

Mère de l'Ogrelet.– ... et tu as perdu six filles sans savoir ni comment, ni pourquoi. Si cela peut adoucir ton chagrin, je te jure que je ne sais pas comment nos petites ont disparu. »

L'Ogrelet.– Tu vois bien, maman, que ce n'est pas lui...

Mère de l'Ogrelet.– *(lisant)* « Ces disparitions de nos petites m'ont rappelé l'histoire que mon père me contait pour m'endormir. Longtemps j'ai cru que c'était une légende, je crois maintenant qu'il me racontait sa vie et me préparait pour l'avenir. Il décrivait l'ogre d'un village qui avait mangé une dizaine d'enfants sans même s'en rendre compte... »

L'Ogrelet.– Je suis le fils d'un ogre qui a mangé ses filles !

Mère de l'Ogrelet.– Tu es mon petit Ogrelet.

L'Ogrelet .– Ne m'appelle plus l'Ogrelet ! Je suis Simon : Simon, dans la forêt comme à l'école. Je n'ai pas besoin de père. Je n'en ai jamais eu et je n'en veux pas.

Mère de l'Ogrelet.– Ton père ne mérite pas le mépris, Simon. Laisse-moi finir la lettre...

« ... qui avait mangé une dizaine d'enfants sans même s'en rendre compte avant de trouver un remède... »

L'OGRELET.– Un remède ?

MÈRE DE L'OGRELET.– Il ne s'agit pas d'une potion qu'il suffit d'avaler, Simon. L'ogre doit réussir trois terribles épreuves et ton père est parti tenter ces épreuves.

L'OGRELET.– Tu vois bien qu'il va revenir, maman !

MÈRE DE L'OGRELET.– Il n'est pas revenu depuis sept ans… et les trois épreuves l'une après l'autre ne durent pas tellement plus d'un mois.

L'OGRELET.– Tu les connais, maman ?

MÈRE DE L'OGRELET.– Ton père les décrit dans sa lettre.

L'OGRELET.– Lis, maman. Lis !

MÈRE DE L'OGRELET.– «Je dois m'enfermer d'un lever de soleil à l'autre avec un coq blanc et de l'eau. Si au matin du deuxième jour, le coq chante, la première épreuve est réussie.»

L'OGRELET.– Tu crois que mon père n'a pas réussi ?

MÈRE DE L'OGRELET.– C'est peut-être la deuxième épreuve qu'il n'a pas réussie… «Je dois vivre durant sept jours dans un lieu clos avec un loup…»

L'OGRELET.– Un loup !

MÈRE DE L'OGRELET.– «… un loup, des fruits, des légumes et quelques cruches d'eau. Si à la fin des sept jours, le loup affamé s'enfuit dans la forêt, l'épreuve est réussie.»

L'OGRELET.– C'est peut-être le loup qui a mangé mon père ?

MÈRE DE L'OGRELET.– Ou la troisième épreuve qu'il n'a pas réussie. «L'ogre doit passer la course d'une lune avec un enfant.»

L'OGRELET.– J'aurais aimé mieux que tu ne me dises rien, maman !

MÈRE DE L'OGRELET.– Si, au terme des vingt-huit jours, l'enfant chante en passant le seuil de la porte, la dernière épreuve est réussie et l'ogreté est guérie.

Allons dormir, mon petit, la nuit porte conseil. Nous verrons demain ce qu'il faut faire…

La mère plie la lettre soigneusement, y replace les pétales de rose blanche qui en étaient tombés.

Bonne nuit, Simon.

L'OGRELET.– Je veux dormir pour toujours.

MÈRE DE L'OGRELET.– Nous en reparlerons à tête reposée.

Restée seule, la mère de Simon brûle la lettre.

Je n'aurais jamais dû garder ce souvenir de toi.

Elle éteint la chandelle.

Suzanne Lebeau

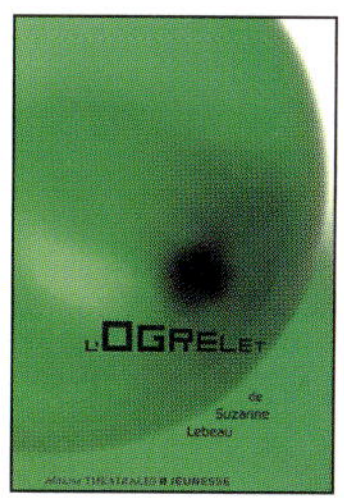

- **Rappelle-toi comment tu as imaginé le père de l'ogrelet. Avais-tu deviné ?**
- **Pour toi, cette pièce est-elle terminée ?**

Fiche 7

OBSERVATION RÉFLÉCHIE DE LA LANGUE 3

• **Lis ces phrases :**

J'aimerais vous rencontrer avant la réunion des parents.

J'aurais aimé que tu ne dises rien, maman.

Simon, reviens, je ne veux pas que tu sortes.

• **Dans chacune de ces phrases, que souhaite le personnage ? Quels mots indiquent que le personnage veut quelque chose ?**

➜ Fiche 8

OBSERVATION RÉFLÉCHIE DE LA LANGUE 4

• **Avec ton voisin, lisez à voix haute ce passage, extrait de la scène 6 de *L'Ogrelet* :**

MÈRE DE L'OGRELET.– On n'a pas retrouvé son corps malgré toutes les recherches. Je me suis mise à douter de tout et j'ai surveillé ma petite Céleste sans répit. Pourtant je n'ai pas su empêcher le malheur de nous frapper encore. J'ai eu trois autres petites filles : Dorothée, blonde comme les blés...
L'OGRELET.– Arrête, maman !
MÈRE DE L'OGRELET.– Élise, si douce dans sa robe grise. Fabienne...
L'OGRELET.– Toutes mes sœurs...
MÈRE DE L'OGRELET.– J'ai surveillé, épié, protégé sans jamais pouvoir empêcher qu'elles disparaissent l'une après l'autre à l'âge le plus tendre...
L'OGRELET.– C'est mon père qui les a mangées ?

• **Comment l'auteure permet-elle au lecteur de comprendre les émotions qu'elle attribue à ses personnages ?**

➜ Fiche 9

DIRE 3

• **À partir de la scène 6 ou d'une réplique que tu aimes, entraîne-toi à déclamer une réplique, à faire partager une émotion...**

ÉCRIRE 3

L'Ogrelet va tenter les trois épreuves et les réussir. Mais comment ? Que se passe-t-il dans la cabane ?

- **Écris le récit d'une épreuve.**

➔ Fiche 10

LIRE 6

Pour mieux comprendre le texte

- Tu vas lire la scène 3 d'une pièce de théâtre qui s'appelle *Le Petit Violon.*
- Au début de la pièce, on apprend qu'une petite fille est maltraitée par son patron, directeur du cirque Univers, parce qu'elle ne réussit pas à jouer du violon. Celui-ci finit par le lui casser sur la tête. La petite fille est recueillie par Léo, un clown, qui, justement, joue du violon.

- **Lis le texte.**

Le petit violon

Scène 3

La roulotte de Léo.
Léo et la petite fille.

LÉO

Moi Léo.
Il se tape sur la poitrine. Mon nom est Léo. Et toi ?
La petite fille regarde sans comprendre.
Elle est encore effrayée comme au cirque Univers.
Comment tu t'appelles ? Toi pas parler français ? Toi habla español ? Toi speak english ? Toi parlare autra dialecta ? Toi pas comprendre ce que moi veux dire ? Moi Léo et toi ?

Il approche son index de la poitrine de la petite fille pour la désigner. Celle-ci recule, levant son avant-bras comme pour éviter un coup. Léo, troublé :

Moi prendre toi pour être heureux, happy tous les deux, moi vouloir faire de toi ma fille, toi ma fille moi ton papa, papa Léo et toi Suzette ? Suzon ? Anna ? Annabella ? Comment toi dire ?

La petite fille reste pétrifiée. Léo ennuyé et inquiet.

Mais qu'est-ce qu'elle a ?

En désespoir de cause il se saisit de son petit violon qui ressemble à celui qu'Univers a cassé sur la tête de la petite fille et joue.

La petite fille à la vue du violon recule encore.

Léo joue avec vivacité, la petite fille ne réagit pas.

Léo, approchant le violon de la petite :

Tu n'aimes pas la musique ?

Elle ne bouge toujours pas, restant sur ses gardes.

Exprès il tire alors du violon des sons affreux et stridents. Elle ne réagit pas.

Il rejoue alors après avoir posé une main de la fillette sur le corps du violon.

Il rejoue avec tendresse, force et application.

La petite fille sent sous sa main le violon vibrer. Léo joue encore. La petite fille pose ses deux mains sur le violon. Léo joue. Le visage de la petite fille s'illumine peu à peu. Elle sourit.

Léo est heureux. Il a compris. Tout en jouant il esquisse un pas de danse en frappant fort le plancher. La petite fille tout en tenant le violon danse aussi, imitant les pieds de Léo qu'elle ne quitte pas des yeux.

La danse finie, Léo pose son violon et applaudit, puis, se reprenant, il frappe une de ses grandes mains sur la petite main de la fillette. Enfin se désignant et articulant, et en montrant ses lèvres, il prononce :

Léo.

Il se frappe la poitrine, articulant encore : Léo.

LA PETITE FILLE *(fait bouger ses lèvres, elle prononce aussi en se frappant la poitrine)*

Léo.

Mais aucun son ne sort.

LÉO *(d'un doigt fait non et précise, articulant)*

Moi Léo, toi ?

Il tape sur la poitrine de la petite fille de son index.

La petite fille sourit et tape aussi sur la poitrine de Léo, puis tout à trac esquisse le pas de danse que Léo lui a montré, tout en désignant le violon.

Léo fait semblant de jouer, aucun son ne sort du violon.

La petite fille danse, elle est heureuse, Léo aussi.

Jean-Claude Grumberg
dans *Le Petit Violon* © Actes Sud papiers

- **Rappelle-toi ce que représente le texte écrit en italique.**
- **À ton avis, pourquoi y en a-t-il autant dans cette scène ?**

Fiche 11

ÉCRIRE 4

• Comme Léo, l'Ogrelet se retrouve avec un personnage qui ne parle pas pour deux des épreuves qu'il doit passer. Pour la troisième épreuve, le personnage parle, mais est-il comme la petite fille du *Petit violon* : « pétrifiée », « sur ses gardes » ?

• Reprends les répliques que tu as écrites en ÉCRIRE 3 et, comme Jean-Claude Grumberg, ajoute des didascalies qui aident à comprendre ce qui se passe dans la cabane. Tes didascalies peuvent concerner les cinq sens (toucher, vue, ouïe, odorat, goût). N'oublie pas les déplacements et les gestes.

SYNTHÈSE

Avec l'ensemble des élèves de ta classe, récapitule ce que tu as appris dans cette unité.

➔ Fiche SYNTHÈSE

ÉCRIRE 5

• Écris la scène complète de l'épreuve que tu as choisie en respectant la présentation d'une scène de théâtre.
Numérote ta scène et, comme Suzanne Lebeau, donne-lui un titre.

DIRE 4

• Prépare, seul ou avec un camarade, une mise en voix de ton texte.

OBSERVATION RÉFLÉCHIE DE LA LANGUE 5

Vérifie l'orthographe de ton texte à l'aide des outils qui sont à ta disposition : fiche synthèse de l'unité, mémento, dictionnaire, affichages de classe...

• Écoute la fin de la pièce et savoure cette lecture cadeau que t'offrent les comédiens !

Lexique

Tu retrouveras dans la liste suivante des mots ou groupes de mots que tu as rencontrés dans les différentes unités.

ÉDUCATION CIVIQUE

collecte *n. f.* Recueil, rassemblement d'argent, de vêtements, de jouets, de nourriture...

don *n. m.* Action de donner

malnutrition *n. f.* Déséquilibre alimentaire.

O. N. G. Organisation non gouvernementale. Organisme humanitaire.

O. N. U. Organisation des Nations unies. Organisme chargé de développer une aide à l'enfance dans les pays pauvres.

partage universel Partage effectué au niveau du monde entier.

scolarisation *n. f.* Action d'admettre quelqu'un à l'école.

solidarité *n. f.* Action de venir en aide à quelqu'un.

SCIENCES

cheminée (du volcan) Fissure de l'écorce terrestre par laquelle remonte le magma.

cratère *n. m.* Ouverture circulaire d'un volcan.

éruption *n. f.* Projection plus ou moins violente par un volcan de divers matériaux (scories, cendres, blocs rocheux, gaz).

éruption effusive Éruption dans laquelle le magma remonte sans difficulté vers le sommet du volcan car il est fluide ; la lave s'écoule sur les pentes du volcan.

éruption explosive Éruption dans laquelle le magma remonte avec difficulté car il est visqueux. De violentes explosions se produisent en projetant des gaz, des fragments de lave, des cendres, et des blocs de roches.

Etna *n. propre* Volcan situé en Sicile (Italie).

lave *n. f.* Roche en fusion qui sort du cratère du volcan et qui se solidifie en se refroidissant.

magma *n. m.* Mélange pâteux, plus ou moins fluide, de matière en fusion provenant des zones profondes de la Terre.

nuée *n. f.* Gros nuage épais.

Vésuve *n. propre* Volcan situé dans le sud de l'Italie.

volcan *n. m.* Relief résultant de l'émission en surface de produits à haute température issus de l'intérieur de la Terre, qui montent par une fissure de l'écorce (cheminée) et qui sortent par une ouverture généralement circulaire (cratère).

volcanisme *n. m.* Ensemble des manifestations volcaniques.

volcanologue ou vulcanologue *n.* Spécialiste des phénomènes volcaniques.

Vulcain *n. propre* Dieu romain, dieu du Feu et du travail des Métaux.

GÉOGRAPHIE

densité de population Nombre d'habitants au kilomètre carré (km^2).

infrastructure *n. f.* Ensemble de construction (routes, voies ferrées…).

liaison ferroviaire Ensemble composé de nombreuses voies ferrées.

métropole *n. f.* Capitale d'un pays ou d'une région.

pays limitrophe Pays voisin (avec au moins une frontière commune).

paysage agricole Ensemble des activités liées à l'agriculture : élevage, vigne, forêt, céréales…

population *n. f.* Ensemble des habitants d'un espace déterminé.

région *n. f.* une grande étendue de pays possédant les mêmes caractéristiques géographiques et humaines.

Région *n. f.* *(avec une majuscule)* une division territoriale administrative française ou européenne.

relief *n. m.* Ensemble des inégalités de la surface terrestre (plaine, plateau, fleuve…) d'une région ou d'un pays.

réseau routier Ensemble de routes.

secteur primaire Ensemble des activités agricoles, la pêche…

secteur secondaire Ensemble des activités de productions et de transformations industrielles (usines, menuiseries…).

secteur tertiaire Ensemble des personnes qui travaillent dans le transport, les commerces, les banques, l'armée, l'enseignement…

superficie *n. f.* Mesure de l'étendue d'un espace déterminé.

MATHÉMATIQUES

énoncé *n. m.* Ensemble d'informations et de questions à résoudre.

résolution *n. f.* Action de résoudre un problème.

reformulation *n. f.* Répétition effectuée avec d'autres mots.

technique de résolution Manière de résoudre un problème.

HISTOIRE

aumône *n. f.* Don fait aux pauvres.

dauphin *n. m.* Héritier du trône de France.

divertissement *n. m.* Distraction.

édifice *n. m.* Grand bâtiment, monument.

famine *n. f.* État provoqué par un manque de nourriture.

Louis XIV *n. propre* Roi de France né en 1638 et mort en 1715.

monarchie *n. f.* État gouverné par un seul individu : le roi.

monarque *n. m.* Personne qui détient l'autorité souveraine dans une monarchie (le roi).

noble *n.* Personne qui appartient à un groupe social (la noblesse) qui jouit légalement de privilèges.

royaume *n. m.* Territoire gouverné par un roi.

royauté *n. f.* Le pouvoir du roi.

sédition *n. f.* Révolte.

souverain *n. m.* Monarque.

sujets du roi Ensemble des personnes soumises à l'autorité du roi.

LITTÉRATURE*

Poésie

expression *n. f.* Mot ou groupe de mots employé(s) pour faire comprendre une pensée.

haïku *n. m. inv.* Poème japonais très court, de quelques syllabes, traduit en français.

illustration *n. f.* Image (dessin, gravure, photographie…) accompagnant un texte pour l'expliquer ou mieux imaginer l'histoire qu'il raconte.

impression *n. f.* Sensation, un effet produit par une action extérieure.

interjection *n. f.* Mot qui renseigne sur l'attitude et les sentiments de celui qui parle (Ô, ah ! Bof ! Ciel !)

onomatopée *n. f.* Mot qui ressemble très souvent à un bruit créé pour suggérer une chose (ploc ! crac, glouglou…)

poème *n. m.* Texte écrit avec des mots particulièrement choisis pour exprimer des sentiments ou des sensations, et qui obéit à des règles d'écriture (les rimes, les sonorités, la disposition du texte...).

sens *n. m.* Les cinq sens sont la vue, l'ouie, le toucher, le goût, l'odorat.

sensation *n. f.* Impression que procurent nos sens.

strophe *n. f.* Ensemble de plusieurs vers.

vers *n. m.* Une ligne d'un poème.

Histoires de vie

atmosphère *n. f.* Ambiance.

événement *n. m.* Fait important qui se déroule au cours du récit et qui le fait progresser.

extrait *n. m.* Passage tiré d'un texte.

narrateur *n. m.* Celui qui raconte, qui est à l'origine du récit.

nouvelle *n. f.* Bref récit littéraire.

pensée intérieure Pensée qui n'est pas exprimée tout haut, qui n'est pas dite à un autre personnage.

personnage principal Le personnage le plus important de l'histoire ; le héros.

récit *n. m.* Texte racontant une histoire avec des faits réels ou imaginaires.

Théâtre

comédien *n. m.* Personne qui joue une pièce de théâtre.

didascalie *n. f.* Indication scénique donnant des précisions sur le décor, le sentiment d'un personnage ou son attitude…

personnage *n. m.* Les personnages d'une pièce de théâtre sont l'ensemble des individus, inventés par l'auteur, qui interviennent dans la pièce.

réplique *n. f.* Paroles prononcées par un personnage de pièce de théâtre au cours de son dialogue avec les autres personnages.

scène *n. f.* Partie de la pièce de théâtre (un chapitre) mais aussi lieu où jouent les comédiens.

* Tu trouveras dans la liste suivante des mots que tu pourras utiliser pour parler de la poésie, des récits, du théâtre.

ILLUSTRATIONS

Lucie Rioland

PAGES D'OUVERTURE DE

Nouchca

CRÉDITS PHOTOGRAPHIQUES

22 h Magali Saint-Genès, archives du Berry Républicain; **23 h** © Action contre la faim 2004; **23 b** Les Restos du cœur; **24 g** C I R I C / Sprague Sean; **24 d** C I R I C/Lee carol; **25 d** Ph. Masiero; **28** CORBIS / Liba Taylor; **33 bas d** © Archives Larbor; **33 bas g** © Archives Larbor; **33 ht g** Ph. Coll. Archives Larbor; **33 m m** © Archives Larbor; **33 ht d** CORBIS/Sylvain Saustier; **33 m g** ANA/Durazzo; **33 m d** HOA-QUI / AGE Fotostock / Chris Sanders; **33 bas m** HOA-QUI / Hagenmuller; **36** Photo RMN / Jean-Gilles Berizzi; **44** AFP / Richard Bouhet; **46** CORBIS / Christie's Images; **47 g** AFP / Richard Bouhet; **47 d** AFP / WTN; **74 doc. 1** HOA-QUI / P. Poy; **74 doc. 2** HOA-QUI / P. Royer; **74 doc. 3** HOA-QUI / G. Morand-Grahame; **74 doc. 4** HOA-QUI / D. Sarlin; **74 doc. 5** HOA-QUI / J.-M. Lecerf; **76 h g** © Ancellet / RAPHO; **76 h d** © Poulsen / RAPHO; **76 m g** © Buss / RAPHO; **76 b g** © Ouzonoff / DIAFF; **86 et 94** SIPA PRESS / Nicolas Jose; **98** BRIDGEMAN – GIRAUDON; **100** Ph. H. Josse © Archives Larbor; **101** ARCHIVES NATHAN; **102 bas** Ph. H. Josse © Archives Larbor; **102 ht** Ph. J. Arland © Archives Larbor; **103 bas** Ph. Jeanbor Coll. Archives Larbor; **103 ht** © Archives Larbor; **105 d** Ph. Hubert Josse © Archives Larbor; **105 g** © Archives Larbor; **106 bas d** Ph. Hubert Josse © Archives Larbor; **106 bas g** ARCHIVES NATHAN; **106 ht d** RMN / Franck Raux; **106 ht g** RMN / J. Derenne; **107** Ph. Hubert Josse © Archives Larbor; **108** AKG / E. Lessing; **109 bas** Ph. Coll. Archives Nathan; **109 ht** Ph. Coll. Archives Nathan; **110 bas** HARLINGUE / ROGER-VIOLLET; **110 ht** RMN; **121** ARCHIVES NATHAN.

DIRECTION ÉDITORIALE : Sylvie Cuchin
ÉDITION : Céline Lorcher
CORRECTION : Florence Richard

CONCEPTION DE MAQUETTE DU MANUEL : Sarbacane
MISE EN PAGES ET CARTOGRAPHIE : Domino

N° de projet : 10153180
Dépôt légal : avril 2005
Imprimé en France, à Tours, par l'imprimerie MAME.